Thomas Terbeck

Lieblingstouren Ruhrgebiet

Unterwegs auf ungewöhnlichen Radrouten

aktiv
KLARTEXT

Bildnachweis

Jochen Tack S. 24; Adobe Stock: ©petermh S. 26; ©Christopher S. 30/31; ©Ernst Pieber S. 35, 84; ©annacovic S. 36/37; ©barbara buderath S. 98; ©hespasoft S. 118/119; ©Arthur Kattowitz S. 124; ©Marcus Retkowietz S. 131, 156; Oliver Hitzegrad S. 112, 116, 120; Stefan Ziese S. 34, 78, 102, 107, 126;
Alle übrigen Bilder: Thomas Terbeck

Bibliografische Information der Deutschen Nationalbibliothek
Die Deutsche Nationalbibliothek verzeichnet diese Publikation in der Deutschen Nationalbibliografie; detaillierte bibliografische Daten sind im Internet über portal.dnb.de abrufbar.

Impressum

3. Auflage Juli 2023
Layout und Satz: Joachim Bartels
Lektorat: Kerstin Goldbach
Kartenerstellung: Leon Thomes
Karten: Die Karten wurden mit Daten von OpenStreetMap erstellt (www.openstreetmap.org).
Umschlaggestaltung: Guido Klütsch, Köln
Umschlagabbildung: Jochen Tack
Druck und Bindung: AALEXX Druck Produktion,
Thönser Str. 5a, 30938 Großburgwedel

ISBN 978-3-8375-2458-1

KLARTEXT

Jakob Funke Medien Beteiligungs GmbH & Co. KG
Jakob-Funke-Platz 1, 45127 Essen
info.klartext@funkemedien.de
www.klartext-verlag.de

Zeichenerklärung

Startpunkt
Zielpunkt
Zwischenziel
Haltestelle
Parkplatz
Fahrradstrecke
eingeschränkt barrierefrei
Gastronomie
Freizeitspaß
familienfreundlich
Naturerlebnis
Aussichtspunkt
Wanderstrecke
Fotospot
Kulturstätte
Sehenswürdigkeit
Kunstobjekt
Fähre

Inhalt

Vorwort

Besondere Radtouren im Ruhrgebiet

Das vom Bergbau geprägte Ruhrgebiet hat nach Schließung der letzten Zeche eine unendliche Fülle an Sehenswürdigkeiten zu bieten, die ihresgleichen sucht. Einiges davon hat sich bereits einen Namen über die Grenzen des „Potts" hinaus gemacht. Doch gibt es manchmal auf außergewöhnlichen Wegen noch wesentlich mehr zu entdecken. Und da komme ich ins Spiel. Als gebürtiger Essener, Fahrrad-Blogger und leidenschaftlicher Radfahrer bin ich viel in der Region unterwegs und begeistert, was es am Wegesrand immer wieder an spannenden Dingen zu sehen gibt.

Dabei liebe ich es, auch einmal Wege einzuschlagen, die auf den ersten Blick gar nicht verlockend scheinen, sich aber bei näherer Betrachtung als Kleinod, Aha-Erlebnis oder Wow-Effekt entpuppen, sei es landschaftlich, historisch, architektonisch, ganz egal was. Wer sich auf solche Radtouren einlässt, wird meist mit besonderen Momenten belohnt, die man so schnell nicht vergisst.

Ich freue mich daher sehr, Sie auf eine bunte, abwechslungsreiche und überwältigende Reise durch mein geliebtes Ruhrgebiet mitzunehmen und Ihnen ein paar Facetten dieser einmaligen Region aufzuzeigen. Manchmal typisch Ruhrpott, manchmal aber so ganz und gar nicht dem Klischee entsprechend. Da kann es sich auch lohnen, wenn Sie mal für hundert Meter das Fahrrad schieben müssen.

Grüne Wälder und saftige Wiesen kommen im Ruhrgebiet öfter vor als man denkt. Dazwischen immer wieder historische und moderne Industrielandschaften, vermischt mit scheinbar vergessenen Orten oder malerischen Schlössern. Die Menschen im Pott mit ihrer typischen ehrlich-freundlichen „Kodderschnauze" und ihre Geschichten

sind ein weiterer Aspekt dieses Radführers. Man kommt unterwegs immer leicht bei einem Stopp mit ihnen ins Gespräch, ein ewig sprudelnder Quell an Informationen und Anekdoten.

Geeignet sind die Touren prinzipiell für all diejenigen, die ein wenig Fahrrad fahren. Da es zwischendurch aber schon mal über kurze Abschnitte mit holprigeren Wegen geben kann, empfehle ich für alle Strecken ein solides Trekking-Fahrrad, da die Schaltung meist für alle Arten von Fahrradtouren ausgelegt ist. Mountain- oder Gravelbikes sind ebenfalls geeignet und können eine gute Wahl sein. Wichtig ist aber eigentlich nur, dass Sie sich im Sattel wohlfühlen. Dann steht dem Spaß nichts mehr im Wege.

In diesem Sinne wünsche ich Ihnen einen Hochgenuss auf dem Rad, mit spannenden Entdeckungen und Eindrücken von einer sich immer im Wandel befindlichen Region. Meinem Ruhrgebiet.

Thomas Terbeck

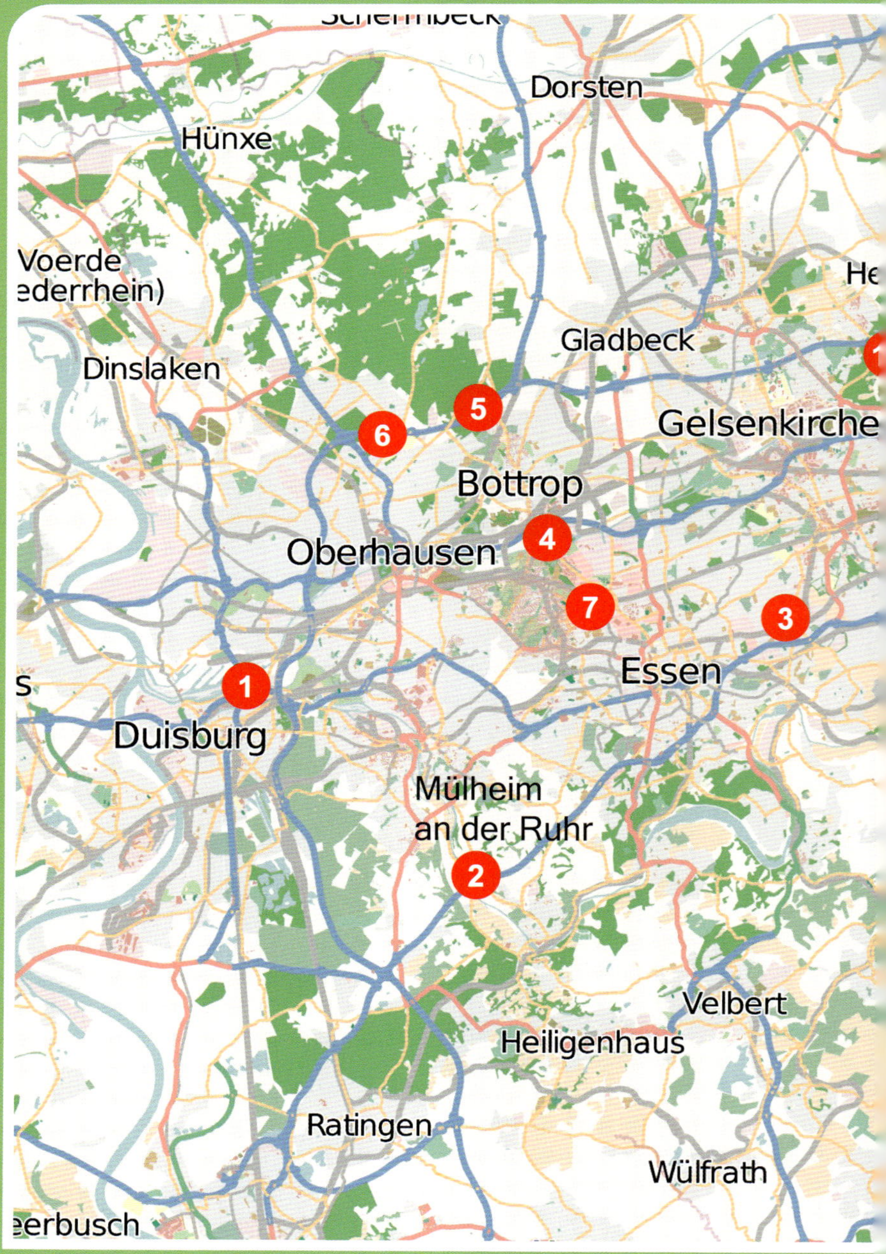

Dorsten
Hünxe
Voerde
Dinslaken
Gladbeck
5
6
Gelsenkirche
Bottrop
4
Oberhausen
7
3
1
Essen
Duisburg
Mülheim
an der Ruhr
2
Velbert
Heiligenhaus
Ratingen
Wülfrath

Die Touren im Überblick

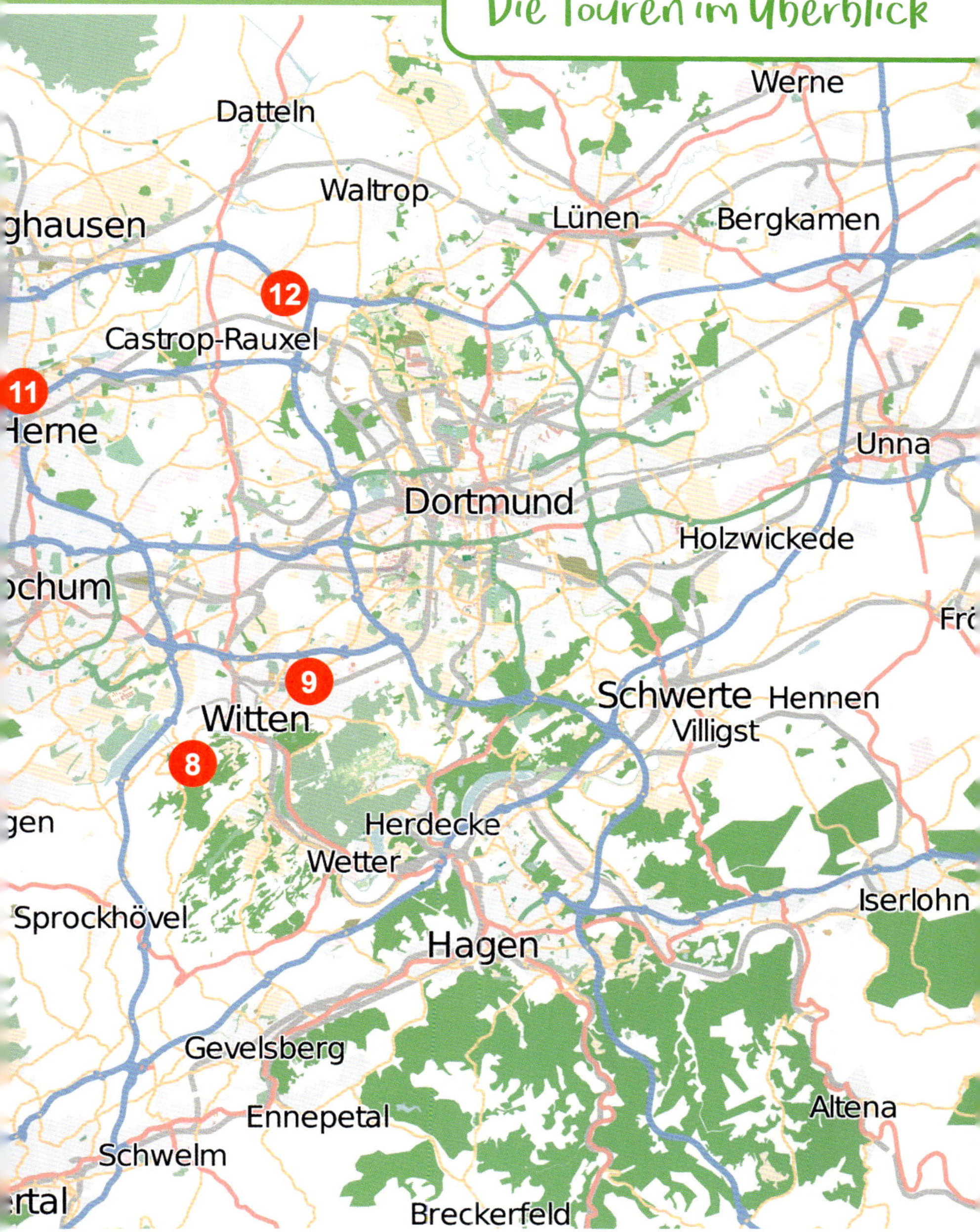

Duisburger Charme

Wo sich der Ruhrpott seine Rauheit noch bewahrt hat

Duisburg, die Malocher-Stadt des Ruhrgebiets, Stahlzentrum sowie Dreh- und Angelpunkt der europäischen Binnenschifffahrt. Duisburg bildet den Beginn beziehungsweise das Ende der neuen Seidenstraße nach oder von China und wird damit zum Umschlagplatz für Güter aus aller Welt. Und wer kennt nicht Horst Schimanski, den kultigen TV-Tatort-Kommissar, der vor der einst muffigen Industriekulisse den einen oder anderen kniffligen Fall löste?

Doch von einer tristen Stahlstadt kann mittlerweile keine Rede mehr sein. Der Strukturwandel ist auch in Duisburg unübersehbar, und die Stadt bietet für eine ausgedehnte Radtour einige Höhepunkte. Wir begeben uns auf eine außergewöhnliche Runde, die nicht nur geschichtlich interessant ist, sondern auch jede Menge (Industrie-)Charme zu bieten hat. Wir erhalten auf der Tour einen facettenreichen Eindruck von dieser Stadt, die direkt am Rhein und an der Ruhrmündung liegt.

Tour 1

3:00 Std. | 39 km | 150 Meter

Start/Ziel: Hauptbahnhof Duisburg, Ausgang Mercatorstraße/Innenstadt

Anreise/Parken: Am Hauptbahnhof stehen verschiedene Parkhäuser zur Verfügung.

Wegbeschaffenheit: Die Wege sind allesamt gut ausgebaut, Asphalt- und bequem befahrbare Schotterwege.

Schwierigkeitsgrad: leicht

Besonderheiten: Die Route sollte unbedingt am Wochenende, bestenfalls sonntags gefahren werden, man entgeht dem unangenehmen Lkw-Verkehr. Die Strecke beinhaltet nur eine Steigung am Alsumer Berg.

Wegbeschreibung:

Vom Hauptbahnhof, dem Startpunkt unserer Tour, fahren wir rechts ein kurzes Stück über die Mercatorstraße und dann geht es links in die Landfermannstraße. Wir schlängeln uns nun über kleine Straßen in Richtung Duisburger Innenhafen und können hier schon einen ersten Stopp einlegen. Eine verlockende gastronomische Vielfalt bietet der Innenhafen, wie zum Beispiel das asiatisch geprägte Mongo's oder das zünftige König Pilsener Wirtshaus. Direkt am Wasser gelegen kann man dort wunderbar in der Sonne sitzen. Hier stören weder das laute Tuckern der Binnenschiffe noch das fröhliche Lachen am Nachbartisch. Kaum zu glauben, dass sich an dieser Stelle einst das wuselige Handelszentrum der Stadt befand. Zum Glück für uns Radreisende. So können wir den sehenswerten Innenhafen nach seiner Umwidmung zur Gastro- und Flaniermeile prima erkunden.

Am Weg

Duisburger Innenhafen

Einst floss hier tatsächlich der Rhein, der dann seit dem Jahr 1000 sein Bett verlagerte und heute einige Kilometer weiter westlich verläuft. Im 19. Jahrhundert wurde die Holz- und Getreideindustrie in Duisburg immer wichtiger. Um wieder eine Anbindung an den Rhein herzustellen, wurde erst der Außenhafen und in einem zweiten Bauabschnitt der östliche Innenhafen gebaut, der aufgrund der wirtschaftlichen Bedeutung seiner Getreidemühlen und -gebäude den Beinamen „Brotkorb des Ruhrgebiets" erhielt. Seit den 1960er-Jahren verzeichnete der Innenhafen einen stetigen Niedergang, der erst durch die im Rahmen der Internationalen Bauausstellung Emscher Park durchgeführten Umnutzung als Kultur- und Freizeit-Quartier aufgehalten wurde. Restaurants, Museen und ein „Garten der Erinnerung" wurden eröffnet beziehungsweise angelegt, alte Getreidespeicher und Gebäude renoviert. Heute ist der Innenhafen ein beliebtes Ausflugsziel für Groß und Klein. Sehenswert ist das Museum Küppersmühle für Moderne Kunst, das in einem ehemalige Speichergebäude untergebracht ist.

Blick in den „duisport", den größten Binnenhafen Europas

Schon wenige Meter weiter erreichen wir den Ruhrdeich. Hier überqueren wir den Fluss. Als Hilfe dient uns der Radweg, der direkt über die Schleuse führt. Wenn das Wasser von oben mit hoher Geschwindigkeit durch die Schleusentore fließt, klingt das in den Ohren im wahrsten Sinne des Wortes „berauschend". Zur Linken befindet sich der Hafenkanal und wir passieren die nächste Schleuse. Direkt anschließend erreichen wir den sogenannten „duisport", den größten Binnenhafen Europas und das heutige Zentrum der Binnenschifffahrt. Wir gönnen uns einen kurzen Abstecher ins Hafengebiet hinein. Es lohnt sich, denn dort befinden sich noch drei Schiffswerften. Auf den dicken Holzbohlen liegen ganze Teilstücke für neue Schiffe parat, die Schweißer in harter Arbeit zusammenfügen.

Werften im Hafengebiet

Nachdem wir den Geruch von Stahl, Holz und harter Arbeit hinter uns gelassen haben, durchfahren wir den Stadtteil Meiderich. Wer sich im Fußball auskennt, der weiß, dass hier der Traditionsverein MSV Duisburg sein Zuhause hat. Am kultigen MSV-Kiosk, ganz in Weiß und Blau, den Vereinsfarben des Clubs gehalten, kann man bei einer kleinen Erfrischung bestimmt die eine oder andere Fachsimpelei diverser Fan-Coaches aufschnappen.

Am Weg

Die Heimat des Meidericher SV

Der MSV Duisburg ist ein Fußball-Club mit Tradition. Entstanden schon im Jahre 1902 unter dem Namen Meidericher Spiel-Verein gehört der Verein sogar zu den Gründungsmitgliedern der Fußball-Bundesliga 1963/64. Bekannte Spieler wie Bernard Dietz oder Helmut Rahn spielten in ruhmreicher Zeit für den Club. Der MSV geriet jedoch öfter in finanzielle Schwierigkeiten, denen Auf- und Abstiege folgten. Für die Fans allerdings kein Grund, ihren Verein aufzugeben. Die „Zebras“, wie die Mannschaft wegen ihrer blau-weiß-gestreiften Trikots genannt wird, sind heute allerdings weit entfernt von den goldenen Zeiten, als 1964 die Deutsche Vize-Meisterschaft sowie die Teilnahmen am UEFA-Pokal (1979) und Europapokal der Pokalsieger (1999) gelangen. Darüber hinaus waren die Duisburger 1966, 1975, 1998 und 2011 DFB-Pokalfinalist.

Hinter einer Unterführung, immer wieder mit beeindruckender Graffiti-Kunst an den Wänden, tauchen wir gefühlt in eine andere Zeitepoche ein. Wir erreichen ein Industriegebiet. Heute gehört ein großer Teil des Areals dem Stahlkonzern ArcelorMittal beziehungsweise Thyssenkrupp. Doch früher war auch hier „Zechenland". Die Bushaltestelle „Schacht Westenende" erinnert daran. Wir fahren weiter über echtes Kopfsteinpflaster. Zur Rechten befanden sich einst die Kokerei Rheinstahl, links die Kokerei Phönix. Beide Anlagen waren mit einer Art Seilbahn und einer Transportbrücke verbunden, die wir uns jetzt schon fast über unseren Köpfen schwebend vorstellen können. Der Weg führt uns unter der A 42 her. Man könnte meinen, es läge ein perfektes Szenenbild für apokalyptische Filme vor uns. Die Industriekulisse, die sich uns nun bietet, bestehend unter anderem aus dem Hochofenwerk und dem Kraftwerk Hamborn oder der Kläranlage „Alte Emscher", wirkt imposant, irgendwie leicht bedrohlich und doch sehr faszinierend. Tatsächlich schlängelt sich ein etwa 2,5 Kilometer langer, wunderbarer Radweg durch dieses Gebiet und lädt zum Entdecken ein, bevor wir später auf den Rhein treffen. Links von uns liegt der Alsumer Berg. Wir fahren um ihn herum, indem wir in die Straße „Alsumer Steig" hineinfahren und am Ende der Sackgasse links auf die Deichkrone des Rheins gelangen.

Rheinblick vom Deich am Alsumer Berg

Abstecher

Auf den Gipfel des Alsumer Bergs

Wer es sich zutraut, den knackigen Anstieg in Angriff zu nehmen: dann rauf auf den Alsumer Berg! Oben angekommen steht man unweigerlich in über 70 Meter Höhe auf den Spuren von rund 1500 Menschen. Wieso? Der Alsumer Berg wurde aufgeschüttet mit dem Schutt der Ortschaft Alsum, die sich einst an dieser Stelle befand und sogar einen eigenen Hafen besaß. Doch Bergschäden führten zur Aufgabe und Abriss. Einen ausgezeichneten Blick auf die imposante Industrielandschaft wie der Kokerei Schwelgern gibt es auf dem Gipfel gratis dazu. Aber vor allem erkennt man von dort oben, wie Grün es doch tatsächlich im Ruhrgebiet geworden ist.

Wir radeln nun in südliche Richtung für rund sechs Kilometer hoch oben auf dem Deich entlang des Rheins. Saftige Wiesen breiten sich unterhalb in Richtung Wasser aus. Der Fluss kommt nur bei Hochwasser ganz nah. Ein Abstecher direkt hinunter zum Ufer lohnt sich dennoch, dabei müssen wir aber die Räder etwas durch die Wiesenpfade schieben.

Tipp

Picknick

Wer gerne picknickt, der ist am Rheinufer in Höhe des kleinen Modell-Flugplatzes, direkt am Fuße des Deiches, gut aufgehoben. Ein kleiner Weg führt schräg hinunter bis zum Wasser. Dort befinden sich einige lauschige Plätze am schmalen Sandstrand. Man kann hier wunderbar den Schiffen bei ihrer Fahrt auf dem Rhein zuschauen, und der mitgebrachte Wein und die Trauben geben der Atmosphäre dazu garantiert eine schöne Note.

Wir setzen unsere Fahrt ganz entspannt entlang des Deichs fort, die Sonne auf der Haut und den Wind im Gesicht, bis wir nach Duisburg-Ruhrort gelangen. Im Gasthaus „Mühlenweide“ mit Biergarten lässt es sich aushalten. Direkt daneben, an der Spitze des alten Eisenbahnhafens, hält Sankt Nikolaus, der Schutzpatron der Schiffer, in Form einer Statue Wache.

Tipp

Tourerweiterung

Wer die Runde etwas erweitern oder der Industriekulisse hinter Ruhrort in südlicher Richtung entfliehen möchte, kann über die Friedrich-Ebert-Brücke in Ruhrort auf die andere Rheinseite nach Duisburg-Homberg wechseln. Auf dem Deich lässt es sich prima radeln. Die direkt am Wegesrand gelegene kleine, leicht zu erklimmende Halde Rockelsberg bietet einen der schönsten Ausblicke über Duisburg und weit in die Region hinein. Geheimtipp! Wer über die „Brücke der Solidarität“ fährt, gelangt wieder auf die ursprüngliche Route und ist direkt an der Gaststätte Ziegenpeter.

Flanieren am Hafen in Duisburg-Ruhrort

In Ruhrort kommt der alte Radschleppdampfer Oscar Huber von 1922 in Sicht, der am Kai als sehenswertes Museumsschiff auf Besucher wartet. Gegenüber am Vinckekanal liegt die sogenannte Mercartorinsel.

Abstecher

Mercatorinsel

Auf der Mercatorinsel wurden vor wenigen Jahren noch Schrott, Eisenerz und andere Schuttgüter verladen. Die wie eine Landzunge wirkende „Insel" dient aber inzwischen der Naherholung. Seit 2016 ist die zehn Meter hohe Kunstinstallation „Echo des Poseidon" von Markus Lüpertz auf der Insel zu bestaunen. Liegebänke laden zum Verweilen ein, und der Blick auf die Ruhrmündung im abendlichen Sonnenlicht ist wunderschön. Ein Abstecher ist nach wenigen Metern hinter der südlichen Überquerung des Vinckekanals möglich.

Das „Echo des Poseidon“
auf der Mercatorinsel

Am Rheinpark lohnt es sich, etwas zu verweilen.

So viele Eindrücke auf wenigen Kilometern! Das muss erst einmal verarbeitet werden. Zum Verschnaufen gibt es eine schöne Einkehrmöglichkeit im „Ziegenpeter". Dazu müssen wir nur Ruhrort hinter uns lassen. Wir überqueren erneut die Ruhr, queren ein weiteres Hafengebiet und landen wieder am Rhein. Bei Kaffee und Kuchen lässt sich der Blick auf den Strom in vollen Zügen genießen.

Direkt am Ziegenpeter wurde das dortige ehemalige Industriegelände zum Naherholungsgebiet umgewidmet. Wer durch den „Rheinpark" schlendert, wird schöne Fotomotive entdecken können. Wir verlassen danach den Stadtteil Hochfeld zurück in Richtung Ausgangspunkt, dem Hauptbahnhof Duisburg.

Beim Ziegenpeter im Rheinpark

Gastronomie

Mongo's Restaurant Duisburg
Philosophenweg 17
47051 Duisburg
Tel.: 0203/2808950
www.mongos.de/de/restaurants/duisburg

König Pilsener Wirtshaus Duisburg
Am Innenhafen 8–10
47059 Duisburg
Tel.: 0203/34683252
www.koenigpilsener-wirtshaus-duisburg.de

Biergarten Mühlenweide
Dammstraße 1D
47119 Duisburg
Tel.: 01573/4842530
www.biergartenmuehlenweide.de

Ziegenpeter
Liebigstraße 70
47053 Duisburg
Tel.: 0203/72999546
www.ziegenpeter-duisburg.de

Tour 1

- Startpunkt
- Zielpunkt
- Gastronomie
- Aussichtspunkt
- Fotospot
- Sehenswürdigkeit
- Fahrradstrecke
- Kunstobjekt

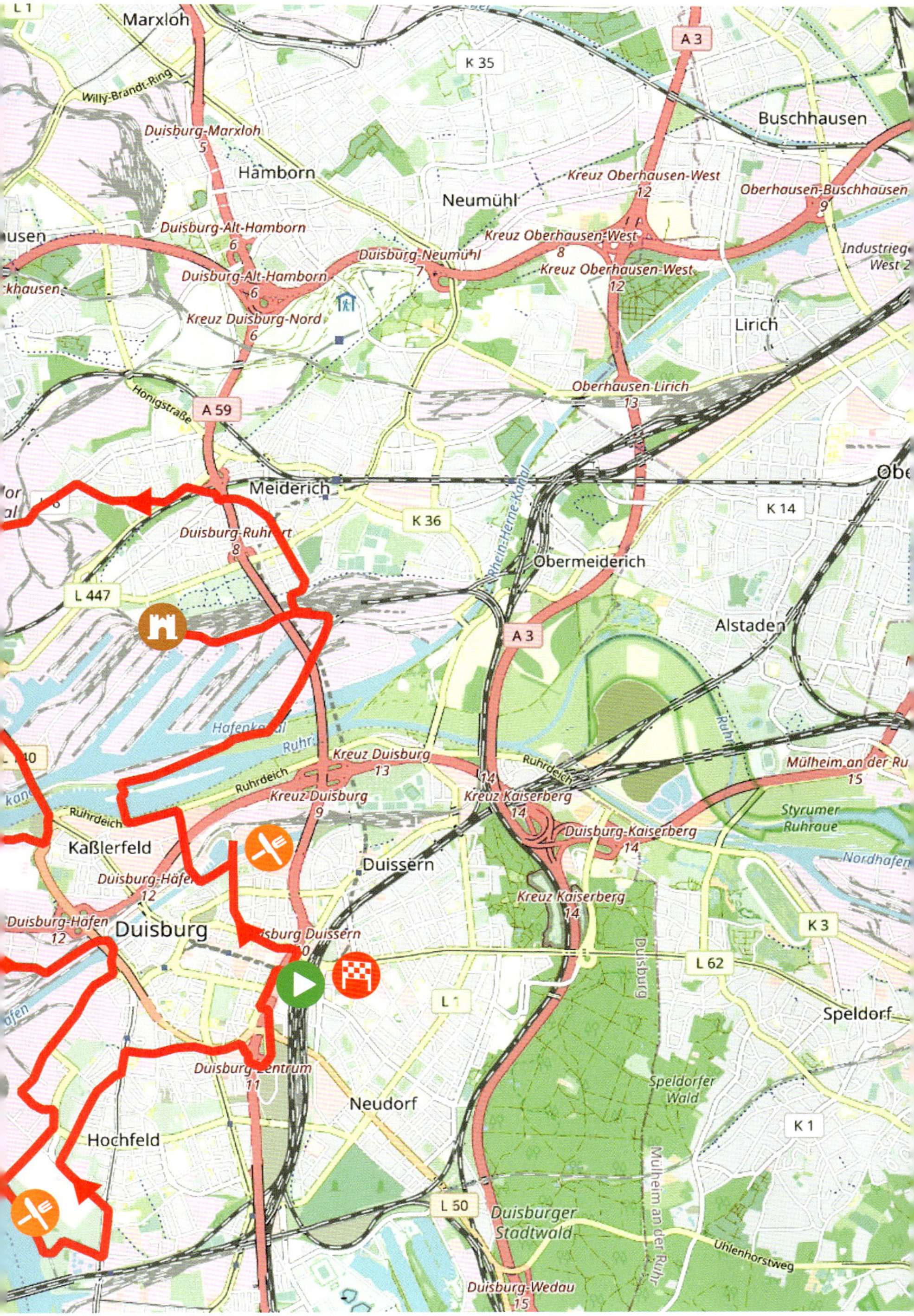

Marxloh
Willy-Brandt-Ring
Duisburg-Marxloh
Hamborn
Neumühl
Buschhausen
K 35
A 3
Kreuz Oberhausen-West
Oberhausen-Buschhausen
Duisburg-Alt-Hamborn
Duisburg-Neumühl
Kreuz Duisburg-Nord
Lirich
Honigstraße
A 59
Oberhausen-Lirich
Meiderich
K 36
K 14
Duisburg-Ruhrort
Obermeiderich
Rhein-Herne-Kanal
L 447
Alstaden
Hafenkanal
Ruhr
Kreuz Duisburg
Ruhrdeich
Kreuz Kaiserberg
Mülheim an der Ruhr
Styrumer Ruhraue
Duisburg-Kaiserberg
Kaßlerfeld
Duissern
Nordhafen
Duisburg-Hafen
Duisburg
K 3
L 62
L 1
Speldorf
Duisburg-Zentrum
Neudorf
Speldorfer Wald
K 1
Hochfeld
L 50
Duisburger Stadtwald
Uhlenhorstweg
Duisburg-Wedau

Wald-Idyll

Dichtes Grün rund um Mülheim an der Ruhr

Wer kennt es nicht? Die Vorfreude auf die morgige Radtour. Man legt sich zufrieden schlafen in dem Wissen auf einen wunderbaren Tag auf dem Fahrrad. Die Vorfreude ist berechtigt, denn dass es rund um Mülheim an der Ruhr so viele sattgrüne Wälder gibt, ist vielen gar nicht bewusst.

Einzigartige Naturschutzgebiete, Ausblicke bis ins Rheinland und beeindruckende Schlösser sollten Grund genug sein, sich nach dem Frühstück in den Sattel zu schwingen. Nicht vergessen: Proviant einpacken, denn ein paar schöne Stellen sind durchaus verlockend für eine kleine Rast zwischendurch!

Tour 2

3:00 Std. | 43 km | 300 Meter

Start/Ziel: Hauptbahnhof Mülheim an der Ruhr

Anreise/Parken: Am Hauptbahnhof besteht ein direkter Einstieg auf den Radschnellweg RS 1. Parkplätze gibt es entlang der Ruhrstraße oder unmittelbar am Ruhrufer. Der Einstieg in die Route erfolgt über die Ruhrpromenade auf die Bahnstraße. Ein Fahrradaufzug führt auf den RS 1.

Wegbeschaffenheit: Meist gut befahrbare Wege, im Wald können die Pfade etwas unebener sein, auf kurzen Abschnitten auch ruppig.

Schwierigkeitsgrad: mittel

Besonderheiten: Die Natur ist Trumpf auf dieser Tour, die auf weiten Teilen durch reizvolle Grünzüge führt.

Wegbeschreibung: Die Tour startet am Mülheimer Hauptbahnhof. Der Radschnellweg RS 1, dessen Auffahrt direkt am Bahnhof liegt, ist nur für knapp einen Kilometer unser Begleiter. Nach der Überquerung des schönen Viadukts über die Ruhr biegen wir links ab in den MüGa-Park, Mülheims Garten an der Ruhr, und stehen nach wenigen Metern vor Schloss Broich, das etwas oberhalb des Parks liegt.

Am Weg

Schloss Broich

Die Ursprünge von Schloss Broich gehen auf eine alte Burganlage aus dem Jahr 883 zurück. Die aus spätkarolingischer Zeit stammende Befestigungsanlage ist die bedeutendste ihrer Art im deutschsprachigen Raum. Errichtet wurde die Burg als Abwehrbollwerk gegen die eindringenden Normannen. Im Laufe der Jahrhunderte wurde die Anlage mehrfach umgebaut und erweitert. Der Kölner Erzbischof versah die Burg 1188 mit einer Ringmauer und baute die Anlage nochmals zur Festung aus. Nach mehrfachen Zerstörungen erhielt die Burg 1644 bis 1648 ihre heutige Form durch Graf Wilhelm Wirich von Daun Falkenstein sowie durch erneuten Umbau im 18. Jahrhundert. Das Schloss befindet sich heute im Besitz der Stadt Mülheim und beherbergt das Historische Museum. Übrigens: Wer die Augen aufhält, kann vor dem Schloss eine Newton-Wiege, besser bekannt als Kugelstoßpendel, entdecken. Wer kann die physikalischen „Beweggründe" des Pendels erklären?

Immer wieder gibt es herrliche Grünzüge entlang der Strecke.

Jetzt aber raus aus der Stadt! Wir verlassen die ruhigen Vororte und radeln für etwa einen Kilometer über die ehemalige Bahntrasse der „Unteren Ruhrtalbahn". Etwa 2,5 Kilometer geht es danach durch ruhige Nebenstraßen des Mülheimer Stadtteils Saarn und dann endlich: Natur. Klangvolle Namen hat das Grün um uns herum. Oembergmoor, Wambachtal, Saarner Mark oder Rottbachtal heißen die zauberhaften Grünzüge, die sich nahtlos aneinanderreihen. Waldpassagen, Wiesen und Weiden wechseln einander ab. Kurz bevor wir das Wambachtal erreichen, passieren wir den Reiterhof Hofgut Sachtenhorst. Der Geruch von Stall und Pferd steigt uns unweigerlich in die Nase.

Auch wenn die Wege an einigen Stellen etwas ruckelig sind, wie auf einem circa 1,5 Kilometer langen Streckenabschnitt südlich des Rottbachtals, wer sich darauf einlässt, leicht abseits der bekannteren Wege zu fahren, wird hinterher sagen, dass es dort richtig idyllisch war. Und dass man tatsächlich direkt anschließend mit dem Rad ganz offiziell über einen Golfplatz fahren kann, wie hier am Golfclub Mülheim an der Ruhr, ist auch eine besondere Erfahrung.

Die Tour führt uns nun durch das zwischen Duisburg-Rahm und Ratingen-Lintorf gelegene Gebiet der Grindsmark und Heltorfer Mark. Wir fahren etwa 2,7 Kilometer entlang des Langelter Wegs. Die sonst so oft anzutreffende typische Ruhrpott-Industrielandschaft ist dort nicht zu finden. Die frische Luft in den Waldpassagen tut bei jedem Atemzug, bei jeder Kurbelumdrehung gut. Je nach Tageszeit hat man die Wege fast für sich allein.

Hier macht Radfahren Spaß.

Abstecher

Sechs-Seen-Platte

Wer möchte, kann den Wald auch kurz hinter sich lassen und dafür einen Abstecher zur Duisburger Sechs-Seen-Platte unternehmen. Nach der Überquerung der Gleise bei Entenfang hält man sich leicht nördlich. Schöne Wege winden sich um die Seen und ein Aussichtsturm bietet einen hervorragenden Blick über die Wasserlandschaft. Ein Freibad mit langem Sandstrand gibt es am Wolfsee. Im Sommer ein guter Platz, um sich etwas Abkühlung zu verschaffen. www.freibad-wolfssee.de

Wir umkreisen den Ratinger Stadtteil Lintorf auf ruhigen Nebenstraßen. Wer nach der Waldluft Hunger verspürt, der ist im Restaurant Gut Porz an der Ecke Lintorfer Mark und Hülsenbergweg bestens aufgehoben. Die Gaststätte war übrigens schon einmal in der Fernsehsendung „Rach, der Restauranttester“ zu sehen. Untergebracht in einem alten Fachwerkhaus bietet sie allerlei köstliche Leckereien an, ob „Großmutters Herings-Stipp“ oder „Tataki vom Gelbflossen-Thunfisch Sashimi“.

Nach der Überquerung der A 52 über eine Brücke am Hülsenbergweg finden wir uns in den leicht hügeligen Kiefernwäldern des Ratinger Stadtwalds wieder. Spätestens auf diesen leicht schottrigen Wegen hat man das Gefühl, man befindet sich im Urlaub. Nur mal ein vereinzeltes Flugzeug über dem Kieferndach lässt uns erahnen, dass es bis zum Flughafen in Düsseldorf gar nicht so weit ist. Noch einige Kilometer radeln wir durch die prächtige Waldlandschaft östlich in Richtung Ratingen-Hösel.

In Hösel befindet sich das Oberschlesische Landesmuseum, es wurde von der Landsmannschaft der Oberschlesier ins Leben gerufen und widmet sich der oberschlesischen Geschichte und Kultur. Ein guter Punkt, um auch mal eine kleine Verschnaufpause einzulegen. Leckeres Eis gibt es ein paar Meter die Bahnhofstraße hinauf. Das Eiscafé Claudio liegt direkt an dem kleinen Kreisverkehr.

Ein anderes historisches Kleinod ist das Wasserschloss Linnep, das wir nun bald erreichen. Eine Abfahrt die Bahnhofstraße hinunter bis zur Ecke Essener Straße, dort hinein abbiegen und den ersten Weg direkt wieder links nehmen: Nach dem Wald erkennt man das Schloss auf der rechten Seite. Über einen Vorhof gelangt man zur schmucken Anlage. Wer hier heiratet, hat wahrscheinlich nicht viel verkehrt gemacht.

Schloss Linnep ist ein beliebter Ort für Hochzeiten.

Reizvoller Abstecher zur Sechs-Seen-Platte

Am Weg

Schloss Linnep

Ursprünglich im Jahre 1090 als Rittersitz erwähnt, weist die Anlage bis heute diverse Umbauten auf. Die ältesten Teile stammen aus dem 12. Jahrhundert. Wie so viele Schlösser hat auch Schloss Linnep im Laufe der Zeit einige Besitzerwechsel erfahren. Bis 1461 Rittergut derer von Linnep, folgten unter anderem die Grafen von Limburg oder später Ferdinand Reichsgraf von Spee. Auch eine Linie mit dem niederländischen Adelsgeschlecht van Lennep gibt es vorzuweisen. Nicht nur das Schloss mit seiner prächtigen Treppe über die Gräfte bezaubert, auch die südlich der Vorburg gelegene Waldkirche Linnep sowie die ehemalige Schlossmühle sind sehenswert. Die Waldkirche ist ein beliebter Ort für kirchliche Hochzeiten. Das Schloss befindet sich in Privatbesitz.

Wir befinden uns an der Grenze zwischen dem Ruhrgebiet und dem Rheinland, der Übergang ist fließend. Wir radeln in nördliche Richtung weiter, dabei passieren wir zunächst den Mintarder Berg und erreichen nach Überquerung einer Brücke über die A 52 das Landschaftsschutzgebiet Auberg, einen Höhepunkt dieser Tour. Es ist ein leicht hügeliges Gelände. Doch das Rad wird die tapferen Radler mit Freude durch diese Landschaft führen.

Dass das Gebiet bis vor einigen Jahren noch ein Standortübungsplatz der Bundeswehr war, sieht man dem Gelände nicht an. Auf dem Höhenzug bieten sich immer wieder neue Ausblicke. Zu einer Seite schaut man weit ins Rheinland, zur anderen Seite liegt das Ruhrgebiet unmittelbar vor einem.

Weg in Richtung Auberg – mit großartigem Weitblick

Tipp

Auberg

Wer sich früh morgens oder in den Abendstunden zum Auberg begibt, kann hier Rehwild und andere Tiere beobachten. Es lohnt sich, zu diesen Zeiten hier einfach mal eine Pause zu machen und ganz still zu sein. Wenn sich Ruhe über die Landschaft legt, das Tageslicht etwas nachlässt und sich etwas Melancholie einstellt, wird man diese Momente gern für immer festhalten wollen.

Die Ruhr fließt direkt unterhalb des Höhenzugs. Im leichten Zickzackkurs fahren wir durch diese traumhaft schöne Landschaft. Investoren würden dort gerne bauen, doch bisher konnte dies zum Glück mit beherzten Protesten verhindert werden. Als Naherholungsgebiet und Heimat für viele Tiere hat es einen unschätzbaren Wert erlangt.
Wir fahren weiter geradeaus wieder in Richtung Mülheim über den Saarner Damm und kommen wenig später zum Kloster Saarn.

Am Weg

Kloster Saarn

Gegründet um 1200 war die Zisterzienserinnen-Abtei als Doppelkloster mit dem bei Kaarst liegendem Kloster Eppinghoven konzipiert. Das Ordensprivileg wurde von Papst Honorius III. erteilt und stellte das Kloster fortan unter päpstlichen Schutz. Im Zuge der Säkularisation 1808 wurde das Kloster aufgelöst und zeitweise als Fabrikgebäude genutzt. In den 1930er-Jahren übernahm die Stadt Mülheim die Anlage. Heute finden im Kloster vielfältige kulturelle Veranstaltungen statt. Der Klostergarten mit Museum und Café ist ein netter Stopp. www.kloster-saarn.com

Blick von der Schlossbrücke Richtung Marina und Rathausturm

Weiter über den Saarner Damm radelnd kommen wir der Stadt Mülheim nun wieder näher. Die Ruhr begleitet uns das letzte Stück. Ein schöner Tag auf dem Fahrrad neigt sich dem Ende entgegen. Zum Abschluss der Tour bietet sich an vielen Stellen entlang des Flusses eine Gelegenheit zur Einkehr.
Die letzten Meter bis zum Bahnhof sind schnell gefahren. Und zu Hause angekommen merken wir zwar unsere Müdigkeit, aber das schöne Gefühl des Erlebten überwiegt.

Gastronomie

Landgasthof Gut Porz
Hülsenbergweg 10
40885 Ratingen-Lintorf
Tel.: 02102/934080
www.gutporz.de

Eiscafé Claudio
Bahnhofstraße 177
40883 Ratingen
Tel.: 02102/896458
Web: Facebook > Eiscafé Claudio

Durchgang am Wasserkraftwerk Kahlenberg in Richtung Mülheim-City

Tour 2

- Startpunkt
- Zielpunkt
- Gastronomie
- Naturerlebnis
- familienfreundlich
- Sehenswürdigkeit
- Fotospot
- Kulturstätte
- Freizeitspaß

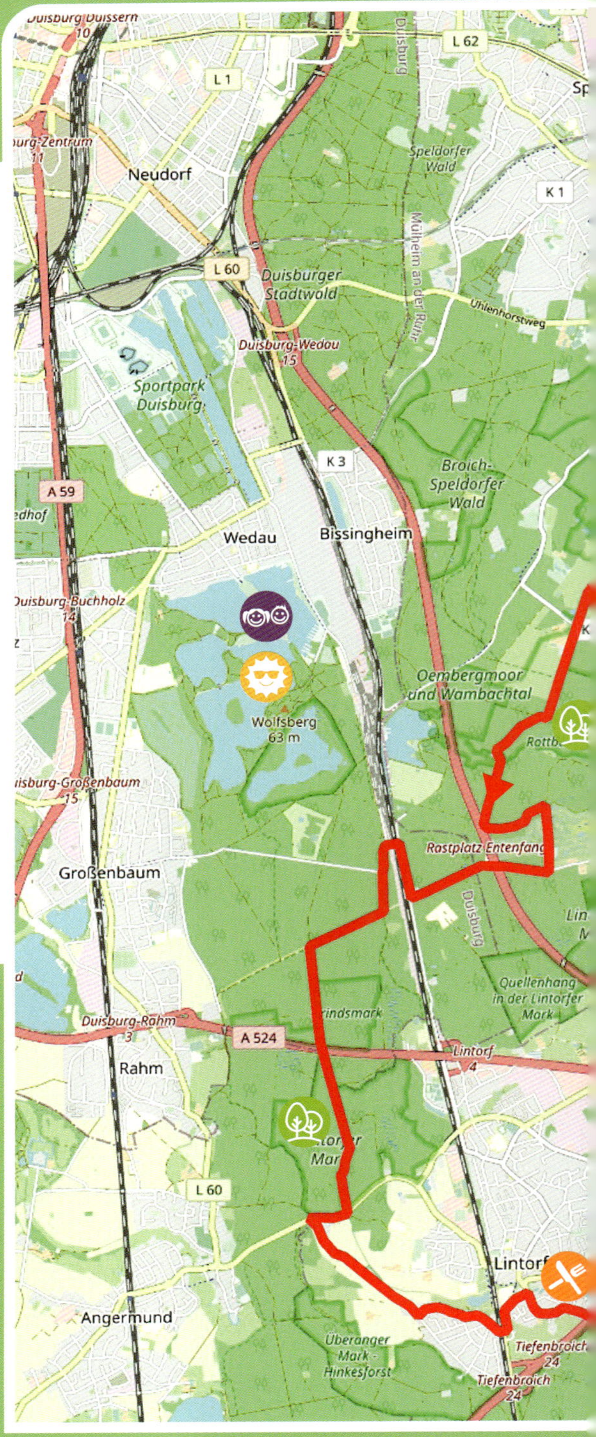

Heißen
Fulerum
Margarethen
Mülheim an der Ruhr
Broich
B 1
Heimaterde
Velauer Straße
Haarzopf
Essen-Haarzopf 27
B 223
Weiße Flotte
Holthausen
L 442
Rumbachtal, Gothenbach, Schippenbach
K 7
L 64
Saarn-Mendener Ruhraue
Raadt
Saarn
Menden
Flughafen Essen-Mülheim
Essen-Kettwig 26
Mintarder Straße
Rohmbachtal und Rossenbecktal
Meisenburgstraße
Schuir
Schuirweg
Oberlauf des Wambachs
Ruhr
A 52
B 1
Mintarder Ruhrtalbrücke
L 450
L 441
Weiße Flotte
L 442
Mintard
Kemmansberg
Selbeck
Mintarder Berg
K 1
L 62
Kettwig
Kettwig vor der Brücke
Werdener Straße
Oefte
Breitscheid 25
Breitscheid
Steinberg 125 m
Essener Straße
Pasberg 161 m
Kreuz Breitscheid 16
Steinberg 143 m
Isenbügel
Ruhrstraße
Am Sondert
K 25
K 4
A 3
Ruhrstraße
B 227
Unterilp
Hösel
Oberilp
L 139
Heiligenhaus
Rasthof Hösel
Höselberg

Trassen, Lost Places
und ein Wohnzimmer
Auf Entdeckungstour zwischen
Bochum und Gelsenkirchen

Kurze Strecke – viele Entdeckungen: So könnte man diese Fahrradtour kurz zusammenfassen. Und deshalb eignen sich die wenigen Kilometer dieser Runde fast schon für einen kompletten Tagesausflug. Spannend ist es, was es beim Blick über den Fahrradlenker zu erkunden gibt.

Eine fast vergessene Autorennstrecke im Pott? Doch, die gibt es! Wer sie entdecken möchte, muss allerdings etwas durchs Gebüsch. Ebenfalls abseits der Radwege erregt ein altes Dampflok-Betriebswerk unsere Aufmerksamkeit. Und warum wir auf der Tour ein Wohnzimmer besuchen, das erfahren wir am Schluss dieser interessanten Runde.

Tour 3

2:50 Std. | 35 km | 140 Meter

Start/Ziel: Parkplatz am Revierpark Nienhausen, Feldmarkstraße 201, 45883 Gelsenkirchen

Anreise/Parken: Mit dem ÖPNV bis zum Hauptbahnhof Gelsenkirchen und dann etwa drei Kilometer über Hiberniastraße, Wittekindstraße und Zeppelinallee zum Startpunkt

Wegbeschaffenheit: Meist gut befahrbare Wege, hin und wieder schmale Pfade, stellenweise loser Untergrund im Bereich des Almarings

Schwierigkeitsgrad: leicht

Besonderheiten: Verlassene Orte wie der Almaring, das Bahnbetriebswerk Gelsenkirchen oder das Wohnzimmer GE geben dieser Radtour ihre Würze.

Wegbeschreibung: Kurz nach Verlassen des Parkplatzes am Revierpark Nienhausen, der allein schon wegen seines alten Baumbestands, den schönen Wiesen und Freizeitmöglichkeiten zumindest einen Spaziergang wert ist, fahren wir nach Süden in Richtung Rotthausen. Nach etwa 1,5 Kilometern erreichen wir links das sogenannte Volkshaus in Gelsenkirchen-Rotthausen.

Am Weg

Volkshaus Rotthausen

Auffällig ist der schön gestaltete Rundbogen mit der expressionistischen Malerei über dem Eingang. Heute unter Denkmalschutz stehend hat das 1919/20 nach Entwürfen des Essener Architekten Alfred Fischer errichtete Gebäude eine vielseitige Geschichte hinter sich. Nicht immer rühmlich, denn es diente im Zweiten Weltkrieg unter anderem als SS-Führerschule. Später wurde dort eine Polizeiwache untergebracht und auch eine DRK-Station fand in dem zwischen 1987 und 1989 sanierten Gebäude ein Zuhause.

Im Stil des Backstein-Expressionismus erbaut: das Volkshaus Rotthausen

Bald darauf überqueren wir die Bahnlinie in Rotthausen unterhalb einer Brücke an der Mechtenbergstraße, die die Grenze bildet zwischen Besiedlung und Grün. Wenig später erreichen wir nach der Überquerung des Schwarzbachs das Naturschutzgebiet und den Landschaftspark Mechtenberg. Auf fein geschotterten Wegen fahren wir durch das Parkareal. Mitunter sorgen prächtige Sonnenblumen am Feldrand dafür, dass das Radfahren noch mehr Spaß macht. Im Landschaftspark Mechtenberg wird tatsächlich noch eine abwechslungsreiche Landwirtschaft mit Acker- und Obstanbau betrieben und zudem ist es ein wunderschönes Naherholungsgebiet mit duftenden Wiesen voller Wildblumen. Für einen ersten Stopp bietet sich das Gut Mechtenberg mit Hofcafé an. Ein perfekter Halt, um sich mit leckerem selbstgebackenen Kuchen und einem Kaffee zu stärken. In den ehemaligen Pferdeställen ist ein Hofladen untergebracht und einen Streichelzoo für Kinder gibt es auch.

Am Hof-Café Mechtenberg

Abstecher

Aussichtspunkt Bismarckturm Mechtenberg

Der 1900 errichtete, 17 Meter hohe Turm befindet sich auf dem Gipfel des Mechtenbergs und ist von der Radstrecke aus gut zu sehen. Dorthin führen bequeme Wege, auf wenigen Metern ist mit Pflastersteinen zu rechnen. Wenn der Blick über die Felder und in die Ferne schweift, weiß man, dass sich der Weg hierhin gelohnt hat. Übrigens: Selbst in Kamerun, Chile, Polen oder Russland stehen solche Türme, die zur damaligen Zeit zu Ehren des preußischen Reichskanzlers Otto von Bismarck errichtet wurden. Insgesamt 174 von den ursprünglichen 240 Bauwerken in Deutschland sind erhalten geblieben.

Wir verlassen das Naturschutzgebiet und fahren etwa zwei Kilometer auf der Kray-Wanner-Bahn, einer der zahlreichen ehemaligen Bahntrassen im Ruhrgebiet, die zu bequemen Radwegen umgebaut wurden. Manche Dinge, die direkt am Rande der Trasse liegen, sind vielen Radfahrern allerdings unbekannt. Deshalb folgen wir einem kleinen Abzweig, der uns nach rund 700 Metern in Richtung Almaring führt. Der Abzweig liegt etwas versteckt im Unterholz. Über den schmalen Zugang gelangen wir zum ehemaligen Motodrom Gelsenkirchen und stehen direkt auf der Rennstrecke, an der zwischen 1969 und 1984 Auto- und Motorradrennen veranstaltet wurden.

Impressionen vom Almaring

Am Weg

Der Almaring – Motodrom Gelsenkirchen

Entstanden ist die Rennstrecke auf dem Gelände der Kokerei Alma, daher der Name. Im Unterholz sind noch einige Fahrbahnmarkierungen, Streckenbegrenzungen, Reifen oder Ölfässer zu erkennen. Zahlreiche Besucher standen einst an der rund 750 Meter langen Strecke und verfolgten die Rennen der Amateurfahrer aus dem In- und Ausland. Der Zuschauerhügel lässt sich noch heute erahnen. Die Lärmbelastung wurde allerdings für die Anwohner Mitte der 1980er-Jahre zu groß, die Rennstrecke geschlossen und das Gelände sich selbst überlassen. Die Natur hat nun nach fast 40 Jahren deutlich die Oberhand gewonnen, aber es ist trotzdem noch möglich, das nicht ganz perfekte Oval mit dem Fahrrad zu umrunden.

Wer nun möglicherweise persönliche Bestzeiten auf dem Rundkurs der Rennstrecke hingelegt hat, kann sich anschließend erholen. Denn nach wenigen Metern auf der Trasse, an der Ecke von Kray-Wanner-Bahn und Erzbahntrasse, steht der Kiosk „Erzbahnbude". Der Stopp an dem mittlerweile zum Kult gewordenen Ort ist ein Muss! Man trifft dort viele nette Leute. Im Sommer wird gegrillt, ein geselliges Bier geht immer, und wer Werkzeug für sein Fahrrad benötigt, der findet hier schnelle Hilfe.

An Holgers Erzbahnbude

Wir folgen der Erzbahntrasse in Richtung Bochum, fahren noch etwas über zwei Kilometer auf der schönen Trasse, biegen links ab und treffen alsbald auf das Gelände der Zeche Hannover mit dem klobigen Malakowturm, der eher an eine Burg als an ein Zechengebäude erinnert. Im Inneren werkelt bei Vorführungen noch eine Dampffördermaschine von 1893.

Am Weg

LWL-Museum Zeche Hannover

Das Museum Zeche Hannover ist ein beliebtes Ausflugsziel für Groß und Klein. Hier, wo ab 1847 Steinkohle in sechs Schächten abgebaut wurde, wird die Geschichte des Bergbaus heute greifbar vorgeführt. Die imposante Treibscheibe an der Dampffördermaschine funktioniert noch immer. Wissenswerte Führungen über das Gelände der Zeche, die bereits 1973 stillgelegt wurde, lassen dieses bemerkenswerte Museum wunderbar in einen Pausenstopp integrieren. Und die Kleinen werden begeistert sein von der „Zeche Knirps“, die Kindern spielerisch die Unter-Tage-Welt näherbringt.

Spannend für Groß und Klein – die Zeche Hannover

Wir verlassen das Zechengelände über den Königsgruber Park und befinden uns nun schon im Stadtgebiet von Herne. Und wer einmal im Mittelpunkt stehen möchte, ist hier genau richtig. Denn nicht weit entfernt befindet sich der geografische Mittelpunkt des Ruhrgebiets. Zu finden ist er in der Rolandstraße in Herne (Wanne-Eickel). Recht unscheinbar, aber offiziell markiert. Also Augen auf!

Einmal im Mittelpunkt stehen ...

Wenig später stoßen wir etwas weiter nördlich erneut auf die Erzbahntrasse, bevor die Tour schon den nächsten Höhepunkt bereithält. An der Reckfeldstraße verlassen wir die Erzbahntrasse wieder. Schräg gegenüber der Ausfahrt gelangen wir zu einem weiteren alten Bahnweg, der Trasse Consol. Dieser folgen wir bis zur ersten Ausfahrt nach Überquerung der A 42. Unterhalb der Bahnstrecke fahren wir um den Bahnhof Gelsenkirchen-ZOOM herum, rechts geht es in die Grimbergstraße. Dann radeln wir rechts in die Bleckstraße und vorbei am Discounter in eine unscheinbare Sackgasse. Schon stehen wir vor dem alten Dampflok-Betriebswerk in Gelsenkirchen-Bismarck, das bereits 1981 geschlossen wurde. Da es unter Denkmalschutz steht, wurde es zum Glück vor dem Abriss bewahrt. Ein gemeinnütziger Verein kümmert heute sich um die Erhaltung der Exponate. Etwas Schattendasein fristet das Gelände, aber dadurch ist es ein echter Geheimtipp. Der Lokschuppen bietet zahlreiche Fotomotive, für Technikliebhaber ist die alte Drehscheibe sehr interessant. Sie konnte sowohl mit Hand, Dampf oder einem Elektromotor bewegt werden. Wer etwas auf dem Gelände herumstreunt wird sicherlich noch das eine oder andere Relikt aus alter Zeit finden.

Das alte Bahnwerk Gelsenkirchen

Abstecher

Bahnwerk Gelsenkirchen

Wo einst die Dampflokomotiven untergebracht waren, hat sich ein Förderverein im Jahre 1992 aufgemacht, um diesen Ort der Technik zu erhalten. Interessierte Besucher können sich dort jeden Samstag oder nach Vereinbarung ausgiebig umschauen. Telefonnummer für weitere Infos: 0209/21122.

Zurück auf der Trasse der Zeche Consol, erreichen wir wenig später den Consol-Park, eine weitere nette Rastmöglichkeit inklusive interessanter Bergbau-Kulisse. Wir befinden uns in Schalke. Wer kennt diesen Gelsenkirchener Stadtteil nicht? Der Fußball schlägt meist hohe Wellen, denn der Kult-Verein Schalke 04 hat hier seine Heimat. Unscheinbarer liegt der alte Schalker Markt direkt hinter der Brücke über die Kurt-Schumacher-Straße auf der rechten Seite. Zu sehen gibt es hier heute nicht viel. Der Markt war jedoch einst der Dreh- und Angelpunkt der Menschen im Stadtteil. Beim Kauf von Obst und Miederwaren nach den Kriegswirren nahm der Markt eine zentrale Rolle ein. Diese Funktion hat der Markt heute jedoch eingebüßt, er wird als Parkplatz genutzt.

Über die Lockhof- und Haldenstraße erreichen wir dann endlich das sogenannte Wohnzimmer. Tatsächlich können wir uns hier wie in einem richtigen Wohnzimmer in Plüschsesseln oder auf einer stilvollen Ledercouch niederlassen.

Am Weg

Das Wohnzimmer GE

Im Jahr 2012 hat der gemeinnützige Verein „Wohnzimmer GE“ auf der ehemaligen Zeche „Wilhelmine Viktoria 1/4“ sein gemütliches Zuhause eingerichtet. Konzipiert als soziokulturelles Zentrum ist hier ein Treffpunkt für jedermann entstanden. In heimeliger Atmosphäre gibt es Konzerte, Kulturveranstaltungen und Ausstellungen. Hunderte Künstler sind dort schon aufgetreten. „Nichts ist festgeschrieben. Es soll Kultur diskutiert und praktiziert werden!“, so die Betreiber. Durch ihr Engagement möchten die ehrenamtlichen Mitglieder ihrer Heimatstadt etwas zurückgeben und das Umfeld attraktiver gestalten. Das Wohnzimmer liegt direkt neben der Kaue der ehemaligen Zeche. Schön, wie solch historische Räumlichkeiten zu neuen Leben erweckt werden können. https://wohnzimmer-ge.de

Kultur-Treffpunkt Wohnzimmer GE

Kunst beim Hof-Café Mechtenberg

Jetzt ist es nicht mehr weit und wir kommen nach etwa 2,5 Kilometern, vorbei am ehemaligen Floatglas-Gelände, heute ein Naturschutzgebiet, wieder am Revierpark Nienhausen an. Kaum zu glauben, was es alles auf diesen wenigen Kilometern zu sehen gab. Das macht das Ruhrgebiet aus: spannend und ein wenig wie ein Abenteuerland.

Skurrile Entdeckungen am Wegesrand, wie diesen Wohnwagen, gibt es öfters im Ruhrgebiet.

Gastronomie

Gut Mechtenberg
Hofcafé Bauer Budde
Am Mechtenberg 5
45309 Essen
Tel.: 0201/5587726
www.bauer-budde.de

Holgers Erzbahn Bude
45886 Gelsenkirchen
Tel.: 0177/8997444
Web: Facebook > Erzbahn Bude

Tour 3

- Startpunkt
- Zielpunkt
- Fahrradstrecke
- Gastronomie
- Naturerlebnis
- familienfreundlich
- Sehenswürdigkeit
- Parkplatz
- Aussichtspunkt
- Kulturstätte
- Freizeitspaß

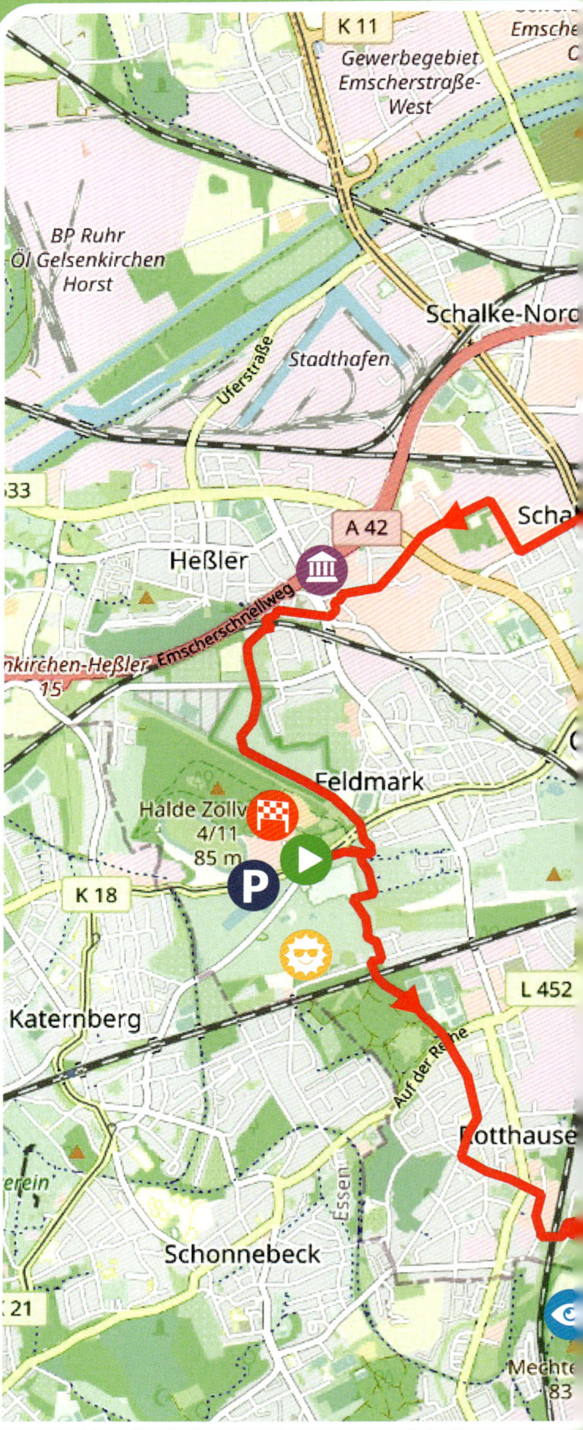

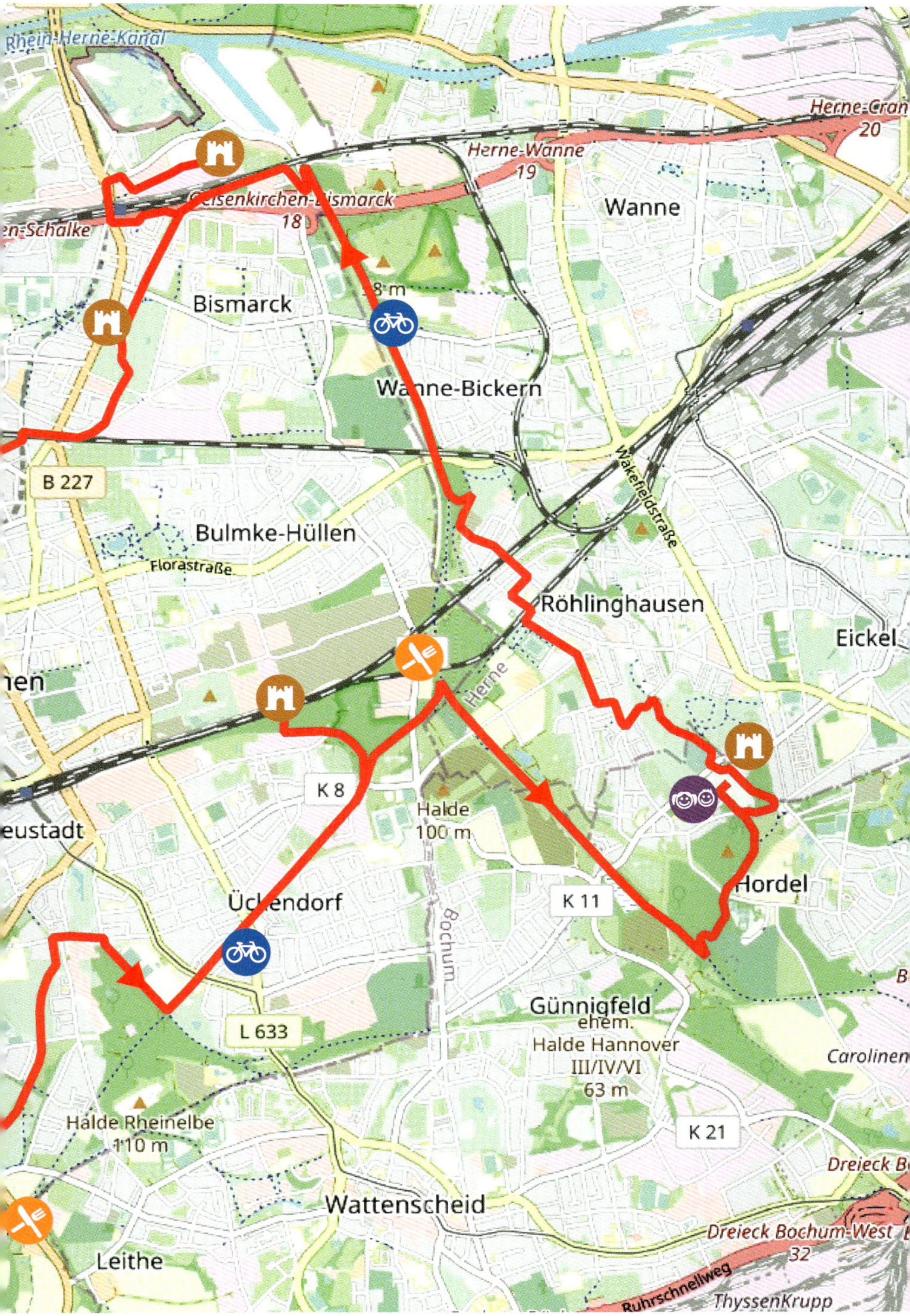

Rhein-Herne-Kanal
Herne-Cran
20
Herne-Wanne
19
Gelsenkirchen-Bismarck
18
en-Schalke
Wanne
Bismarck
Wanne-Bickern
B 227
Bulmke-Hüllen
Florastraße
Wakefieldstraße
Röhlinghausen
Eickel
nen
Herne
K 8
Halde
100 m
eustadt
Hordel
Ückendorf
K 11
Bochum
Günnigfeld
ehem.
Halde Hannover
III/IV/VI
63 m
L 633
Carolinen
Halde Rheinelbe
110 m
K 21
Dreieck B
Wattenscheid
Dreieck Bochum-West
32
Leithe
Ruhrschnellweg
ThyssenKrupp

Halden-Hopping
Auf den Bergen des Potts zwischen Bottrop und Gelsenkirchen

Die Halden im Pott werden auch als „Berge des Ruhrgebiets" bezeichnet. Früher waren sie nur Mittel zum Zweck, sie wuchsen durch den Abraum der Bergwerke.

Heute dagegen sind sie neu gestaltete Kulturlandschaften, Naherholungsgebiet und Kunstwerk zugleich. Ihre unterschiedliche Beschaffenheit und Form machen sie interessant und einzigartig. Nicht zuletzt bieten sie zahlreiche neue Perspektiven auf das Ruhrgebiet. Und genau das wollen wir auf dieser recht sportlichen Tour erleben, auf der auch mal schwierige Abschnitte zu fahren sind. Doch als Belohnung winken herrliche Ausblicke.

Tour 4

4:00 Std. | 49 km | 340 Meter

Start/Ziel: Bahnhof Bottrop-Boy

Anreise/Parken: Start und Ziel ist am Bahnhof Bottrop-Boy, der Einstieg ist aber auch ab dem nicht weit entfernten Hauptbahnhof Bottrop möglich. Dort stehen auch Parkplätze zur Verfügung.

Wegbeschaffenheit: Vor allem an den Halden sind die Wege meist steil und führen über losen Untergrund, insbesondere an der Halde Rungenberg oder an der Schurenbachhalde.

Schwierigkeitsgrad: schwer

Besonderheiten: Die Tour führt hinauf zu mehreren Halden und bietet deshalb zahlreiche Weit- und Ausblicke.

Wegbeschreibung: Der Startpunkt der Tour ist der Bahnhof in Bottrop-Boy. Schon von dort kann man in kurzer Entfernung die erste Halde sehen, die es zu erklimmen gilt. Es bleibt nicht viel Zeit, um sich warm zu fahren, wenn wir uns ihr über die Batenbrockstraße nähern. Der erste Anstieg folgt schon nach rund zwei Kilometern. Doch keine Angst: Die Halde „Beckstraße", so der offizielle Name, aber meist „Tetraeder" genannt, hält keine Schwierigkeiten parat. Auf gutem Asphalt fährt es sich angenehm nach oben.

Auf dem Haldendach angekommen stehen wir vor dem imposanten Aussichtspunkt, dem Tetraeder. Die pyramidenförmige, 50 Meter hohe Konstruktion, die weithin sichtbar über der Stadt thront, lässt sich zu Fuß besteigen. Das ist jedoch nicht jedermanns Sache, denn die nach oben führende Treppe ist schwebend aufgehängt und lässt den Blick in die Tiefe frei. Vor allem die letzten 38 Meter in schwindelerregender Höhe in Angriff zu nehmen, das erfordert doch etwas Mut und bei Wind kann die Aussichtsplattform auch schon mal leicht wackeln. Doch wer nicht wagt, der nicht gewinnt. Es ist ein schönes Erlebnis. Der von dem Architekten Wolfgang Christ entworfene Tetraeder wurde am Tag der Deutschen Einheit im Jahre 1995 eingeweiht und zählt zu den bekanntesten Landmarken im Ruhrgebiet.

Seitlich führen übrigens an einer Stelle auch steile Stufen die Halde hinauf. Wer in der Saisonvorbereitung der Fußballvereine mal etwas genauer hinschaut, wer denn da so sportlich die Treppen rauf und runter flitzt, der kann durchaus Profis der nahen Bundesligisten oder der Regionalmannschaften entdecken. Eins haben sie hinterher gemeinsam: Alle haben wackelige Beine nach den Spurts rauf und runter!

Wir rollen lieber ganz geschmeidig die Halde wieder mit dem Fahrrad hinunter. Ohne Kraftaufwand. Schon liegt unmittelbar gegenüber die Halde „Prosperstraße", an dessen Hängen sich tatsächlich eine Skihalle befindet. Doch die Halde lassen wir einfach rechts liegen und schlängen uns für weitere zwei Kilometer auf dem Emscher-Park-Radweg zur Gartenstadt Welheim.

Blick auf die Aussichtsplattformen und die eindrucksvolle Konstruktion des Tetraeders

Am Weg

Gartenstadt Welheim

Sie ist eine der größten nach der englischen Gartenstadtidee gebauten Siedlungen im Ruhrgebiet. Errichtet wurde sie zwischen 1914 und 1923 für Bergleute der Zeche „Vereinigte Welheim". Alleen wurden angelegt, dazu viele Grünflächen. Rund 40 unterschiedliche Haustypen lassen sich hier heute noch entdecken. Der Zweite Weltkrieg setzte der Siedlung stark zu. Doch der Wiederaufbau gelang und durch weitere Sanierungen im Zuge der Internationalen Bauausstellung Emscher Park ab 1988 wurden die Gebäude nach modernen Standards renoviert. Dabei ist das historische Erscheinungsbild erhalten geblieben, sodass die Siedlung heute ein begehrtes Wohngebiet geworden ist.

Unsere Route führt uns nun durch dieses außergewöhnliche Kleinod der Gartenstadt. Wir fahren bis zur stark befahrenen B 224, die wir schnell überqueren, um danach ins Karnaper Wäldchen einzutauchen. Alternativ können wir nach der Überquerung den ersten Weg rechts abbiegen, um einen ersten kulinarischen Zwischenstopp bei einem legendären Fußballspieler einzulegen. „Ich danke Sie“ – der Spruch des bekannten ehemaligen Fußballers von Rot-Weiss Essen und Borussia Dortmund, Willi „Ente“ Lippens, zu einem Schiedsrichter ist unvergesslich. Der Spruch prangt auch über seinem Restaurant „Mitten im Pott“. Leicht versteckt an der Gungstraße gelegen bekommt der hungrige Gast hier gutbürgerliche Küche mit Herz serviert.

Danach geht es auf der ehemaligen Bahntrasse der Glaswerke Ruhr weiter, die durch viel Grün führt und nicht ganz so bekannt ist. Es rollt sich auf den folgenden 1,5 Kilometern ganz wunderbar. Doch der nächste Anstieg lauert schon. Während wir die „Halde 19“ links von uns passieren, fahren wir nach einem Bogen direkt auf die „Halde Mathias Stinnes“ zu. Aufpassen sollte man nach Regenschauern, der Weg ist dann leicht aufgeweicht. Auf dieser nicht sehr hohen Halde finden wir etwas einsam und verlassen eine Stehle. Diese gehört zur Installation der „Essener Aussichten“. An markanten Stellen in der Stadt lassen sich auf erhöhten Punkten neue Perspektiven erblicken. Diese ist eine davon.

Essener Aussichten

Die nächsten beiden Halden, die wir über den Radweg der „Natur-Route“ und nach Überquerung des Rhein-Herne-Kanals erreichen, sind nur zwei Kilometer voneinander entfernt und doch komplett anders. Größer und höher ist die erste von ihnen, die Schurenbachhalde, die wir mit dem Rad auf breitem Weg hinauf „erfahren“. Während der Aufschüttung wurden hier Bäume gepflanzt, die Haldekuppe jedoch ausgelassen. Mittlerweile sind die Bäume etwas größer geworden, doch wer die Baumzone verlässt, hat das Gefühl, auf dem Mond gelandet zu sein. Der reine schwarze Abraum liegt vor einem.

Am Weg

Schurenbachhalde

Die Halde wurde bis zum Jahre 1986 von der nahe gelegenen Zeche Zollverein aufgeschüttet, die heute zum Weltkulturerbe zählt. Ihr Name rührt übrigens von dem gleichnamigen Bach her, der unter der Halde ab den 1970er-Jahren fast verschüttet wurde und nun seitlich kanalisiert wird. Auf dem höchsten Punkt, auf etwa 50 Metern, steht die sogenannte „Bramme für das Ruhrgebiet". Die Stahlskulptur des amerikanischen Künstler Richard Serra wurde 1998 aufgestellt und ragt hoch über der Halde empor. Der freie Blick ringsum über das Ruhrgebiet ist atemberaubend. Zu jeder Jahreszeit! Es lassen sich von hier auch viele andere Landmarken des Reviers entdecken. Wer erkennt von dieser Stelle aus, welche es sind?

Nach der Halden-Abfahrt ist vor der Halden-Auffahrt. Es bleibt sportlich. In unmittelbarer Nachbarschaft zur Schurenbachhalde lädt eine weitere, fast unscheinbare Halde zur Entdeckungstour ein.

Abstecher

Halde Eickwinkel

Die Wege dort können durchaus etwas steiler sein, dafür lässt sich unter den Bäumen der bewaldeten Halde im Sommer immer ein schattiges Plätzchen finden. In den letzten Jahren wurde sie gewissermaßen wiederentdeckt und ein wenig hergerichtet. Neuerdings gibt es dort auch einen offiziellen MTB-Trail. Eine kleine, aber feine Halde.

Nach den vielen Höhenmetern fahren wir nun für rund 2,5 Kilometer am Rhein-Herne-Kanal entlang. Der Nordsternpark lädt zu einer Rast ein und der dortige Biergarten „Heiner's" lässt die durstigen Kehlen sicherlich nicht im Stich. Ein Abstecher von nur einem Kilometer nördlich über die markante Brücke mit den roten Bügeln führt direkt

Im Nordsternpark

dorthin. Anschließend genießen wir erneut den Blick aufs Wasser, das eine oder andere Binnenschiff wird zu sehen sein. Nach rund zwei Kilometern erreichen wir die Schleuse in Gelsenkirchen, die wir überqueren. Spannend kann es zugehen, wenn die Schiffe durch die engen Schleusentore fahren müssen.

Nachdem wir dem Knick folgen, der uns vom Kanal wegführt, erreichen wir nach ein paar Metern die Straße „Sutumer Brücken". Auf der rechten Seite befindet sich der Einstieg zur Hugo-Trasse, benannt nach der gleichnamigen ehemaligen Zeche. Die Schließung der Zeche Hugo erfolgte im Jahre 2000, einige Relikte wie das Bahnwärterhäuschen an der Horster Straße sind erhalten geblieben. Es gibt also viel zu sehen an dieser Strecke, der wir nun für etwa fünf Kilometer folgen, bis wir die nächste Halde erreichen.

Wer Hunger verspürt, der ist am nahe gelegenen Restaurant Mykonos sehr gut aufgehoben. Das unscheinbar an der Horster Straße gelegene griechische Restaurant bietet hinten heraus einen gemütlichen Biergarten. Radfahrer sind herzlich willkommen und das Essen ist immer lecker und frisch. Besonders zu empfehlen: die kretanischen Kartoffeln, eine Spezialität, die es nur hier nach altem Familienrezept gibt!

Am Ende des Trassenwegs gelangen wir auf das Gelände der ehemaligen Zeche Hugo. Ein herrlich offener Park samt Gemeinschaftsgarten wurde dort angelegt. Der Förderturm ist erhalten geblieben, die benachbarte Schüngelberg-Siedlung wurde modernisiert. Zur Zeche gehört die Halde Rungenberg, einer der spannendsten und attraktivsten Haldenlandschaften im Ruhrgebiet.

Ein holpriger, aber breiter Weg führt die Halde hinauf, die eine leicht geschwungene Form hat und dadurch zwei Plateaus besitzt. Das Haldendach ist mit Gras bewachsen, dadurch genießt man von hier oben eine ungestörte, fantastische Aussicht.

Am Weg

Halde Rungenberg

Auf dem Hauptplateau thronen zwei aufgeschüttete Dreieckspyramiden mit der Lichtinstallation „Nachtzeichen" in nicht ganz 70 Meter Höhe über der Umgebung. Es handelt sich um zwei riesige Scheinwerfer, die sich gegenüberstehen und im Dunkeln ihre Lichtstrahlen in den Himmel werfen. Dazwischen führt ein Pfad. Die Aussichten sind umwerfend. Geschaffen haben diese einzigartige Installation die beiden Künstler Hermann Es Richter und Klaus Noculak. Die komplette Vielfalt des Ruhrpotts entfaltet sich hier. Die Blicke huschen von oben über diese nie schlafende Szenerie. Ein magisch schöner Platz. Die Halde Rungenberg zählt zu den sogenannten „brennenden Halden". Das heißt, ganz im Inneren der Halde kann es bei Schwelbränden zu einer hohen Temperaturentwicklung kommen, die fast bis zu 500 Grad erreichen kann. Die Restkohle, die sich im Abraum befindet, ist Treiber dieser Brände. Oberflächlich erkennbar ist das oftmals nicht, Messungen von Temperatur und Gas können das aber belegen.

Wieder unten angelangt geht es durch den Park und vorbei am Förderturm der ehemaligen Zeche Hugo. Die Beine können sich etwas erholen, wir fahren zunächst über ruhige Wege auf ebener Strecke weiter. Felder und Alleen gleiten am Hegemannsweg an uns vorbei. Immer geradeaus radeln wir, bis wir links in die Behmerstraße abbiegen können. Wir gelangen zum Friedhof Brauck und fahren durch verkehrsarme Nebenstraßen bis zur „Halde 22", die wir aber nur umrunden.
Wer sich traut, der kann an diesem Punkt aber ein paar Trails hochfahren. Der Einstieg für den Offroad-Track befindet sich unmittelbar am Parkplatz der Halde, an der Heringstraße. Die Wege sind nicht uninteressant, die Natur erobert sich das Gelände zurück und integriert sich wunderbar in die Haldenlandschaft.

Blick von der Mottbruchhalde

Unser eigentliches Ziel ist die Mottbruch-Halde, auf die wir nach der Umrundung nördlich der Halde 22 treffen. Auch hier gilt: Man muss sich trauen, aber der Weg hinauf ist sehr gut zu fahren, der Einstieg ist kurz und steil. Wer das nicht möchte, kann auch die wenigen Meter das Rad hochschieben und dann weiterfahren.
Die Mottbruchhalde wurde bis zum Jahre 1989 mit Abraum aufgeschüttet. Vom Aussehen her wird sie oft mit einem Vulkan verglichen. Auf die auf dem Haldendach befindlichen „Vulkanränder" links und rechts kann man hinauflaufen oder, wer ganz wagemutig ist, hinauffahren. Dann sollte man sein Rad aber definitiv beherrschen können! Der Blick ist ebenfalls absolut außergewöhnlich. Wer genau hinschaut, kann nicht weniger als sieben Bergehalden entdecken, auf der achten stehen wir

gerade, die in unmittelbarer Nachbarschaft zueinander liegen.
Wir haben die Fahrt auf die Mottbruchhalde sicher überstanden, der flache Untergrund hat uns wieder. Es geht nun an einer weiteren, aber unscheinbaren, gar nicht richtig zu erkennenden Halde vorbei. Die Halde Ellinghorst passieren wir nur an ihrem Fuße. Sie ist dicht bewachsen und es führt kein Weg hinauf. Wir fahren um sie herum und treffen auf die benachbarte Halde Rheinbaben. Beide Halden durchtrennt die A 2, die wir über eine Brücke überqueren. Die Halde Rheinbaben befahren wir über einen schmalen Weg. Oben empfängt uns ein Birkenwäldchen. Unser Pfad windet sich hindurch, mit einer angenehmen kleinen Abfahrt zum Schluss.
Jetzt ist es fast geschafft und der Ausgangspunkt erreicht. Keine drei Kilometer vom Fuße der Halde auf ruhigen Nebenstraßen, dem Radweg R 25 nach Bottrop-Boy folgend, bleiben uns noch bis zum Ziel. Nun können sich die Beine wieder auszuruhen. Die Runde ist mit Sicherheit sportlich zu fahren, die Wege nicht immer einfach. Radbeherrschung und somit Fahrtechnik sind schon erforderlich. Und vielleicht auch mal das Überwinden von eigenen Schranken. Doch das Gesamterlebnis, in Form von unterschiedlichsten Perspektiven auf das Ruhrgebiet, ist diese „Erfahrung" wert!

Gastronomie

Heiner's Biergarten
Am Bugapark 1B
45899 Gelsenkirchen
Tel.: 0209/1772222
www.heiners.info

Restaurant Mykonos
Horster Straße 246
45897 Gelsenkirchen
Tel.: 0209/42563
www.mykonos-gelsenkirchen.de

Restaurant „Ich danke Sie" – Mitten im Pott
Gungstraße 198
46238 Bottrop
Tel.: 02041/45935
www.mitten-im-pott.de

Tour 4

Startpunkt

Zielpunkt

Fahrradstrecke

Gastronomie

Sehenswürdigkeit

Aussichtspunkt

Fotospot

Kunstobjekt

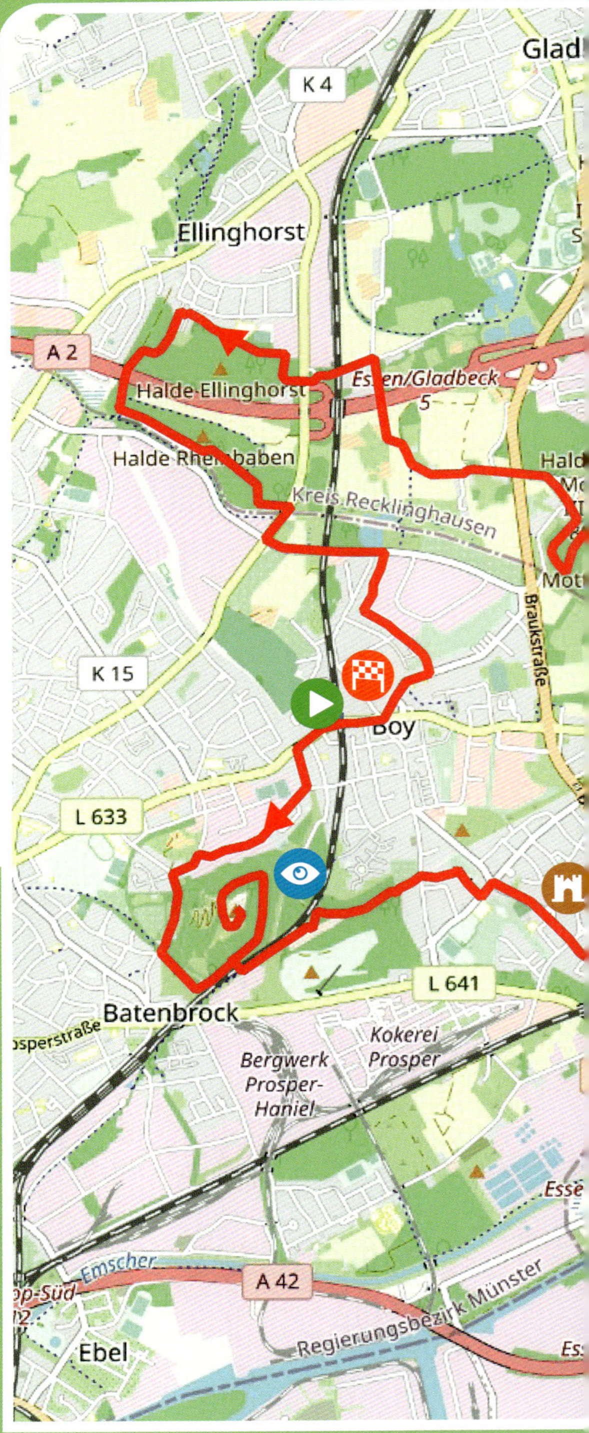

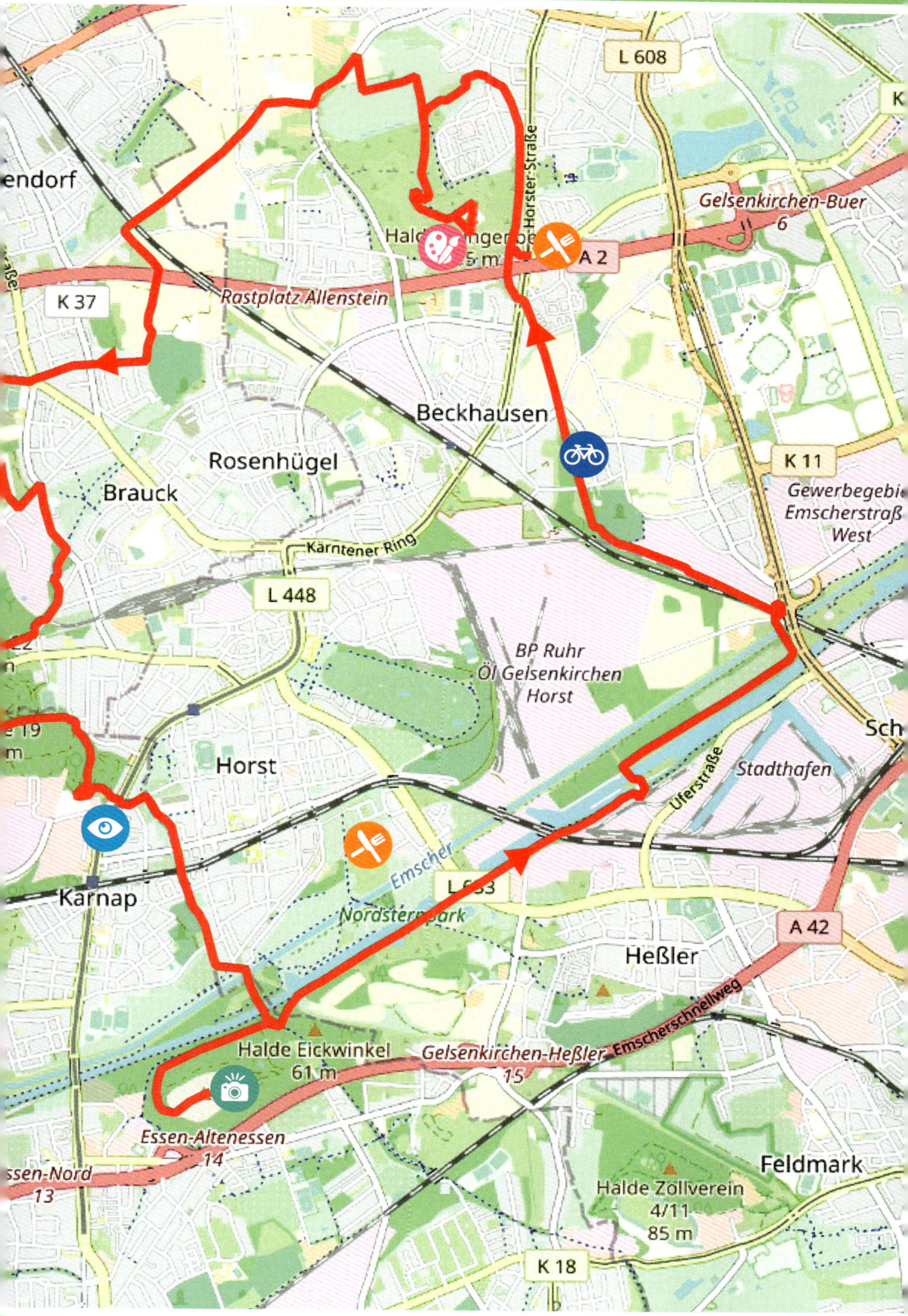

L 608
endorf
Horster Straße
Gelsenkirchen-Buer
6
A 2
K 37
Rastplatz Allenstein
Beckhausen
Rosenhügel
Brauck
K 11
Gewerbegebi
Emscherstraß
West
Kärntener Ring
L 448
BP Ruhr
Öl Gelsenkirchen
Horst
Horst
Sch
Stadthafen
Uferstraße
Karnap
Emscher
Nordsternpark
A 42
Heßler
Halde Eickwinkel
61 m
Gelsenkirchen-Heßler
15
Emscherschnellweg
Essen-Altenessen
14
13
Feldmark
Halde Zollverein
4/11
85 m
K 18

Kurios und lecker

Durch die Kirchheller Heide

Wer kennt es nicht? Man ist irgendwo unterwegs, entdeckt plötzlich irgendeine Seltsamkeit am Wegesrand und fragt sich: Was mag wohl dahinterstecken? Gerade, wenn man mit dem Fahrrad unterwegs ist, kann das durchaus des Öfteren passieren.

Denn beim Radfahren nimmt man viel intensiver seine Umgebung wahr. So auch bei dieser Tour, die durch Wälder und übers Land führt und dabei ein paar Kuriositäten am Wegesrand bereithält. So entdecken wir Überbleibsel aus vergangenen Zeiten oder ein Grab, das an der Stelle gar nicht stehen dürfte … Natürlich warten auf dieser Runde auch kulinarische Leckereien auf uns.

Tour 5

2:50 Std.

38 km

170 Meter

Start/Ziel: Wanderparkplatz Bergerstraße, 46539 Dinslaken

Anreise/Parken: Da keine Anbindung an den ÖPNV besteht, empfiehlt sich die Anreise mit dem Pkw.

Wegbeschaffenheit: Meist bequeme und gut fahrbare Wege. Zwei Ausnahmen: Kurz nach der Bunkeranlage folgt ein kurzer, aber etwas sandiger Abschnitt sowie am Ende der Tour vor dem ehemaligen Schießstand ein etwas ruckelnder Waldweg.

Schwierigkeitsgrad: leicht bis mittel

Besonderheiten: Die Tour bietet allerhand Geheimnisvolles und Verwunschenes, und wer mehr Kilometer machen möchte, kann diese Runde mit der Tour 6 kombinieren.

Wegbeschreibung:

Das Grün der Wälder, dazu satte Wiesen und Felder: So lässt sich der Start dieser Radtour gut angehen. Wir fahren vom Parkplatz aus in westliche Richtung links in den Wald hinein. Das Rascheln der Blätter im Wind liefert die Begleitmusik. Friedlich und schön wirkt die Landschaft auf dem ersten Teilstück der Tour zwischen Kirchheller Heide und dem Hünxer Bachtal. Dass es hier zum Ende des Zweiten Weltkriegs einige Scharmützel gab, erkennen wir schon bald, als nach knapp zwei Kilometern ein eingezäuntes Grab im Bruckhauser Wald unsere Aufmerksamkeit erregt. Am Kreuz hängt ein verblichener Soldatenhelm.

Am Weg

Das Soldatengrab

Wie so oft steckt auch hinter diesem Grab von Bruno Brusten eine traurige Geschichte. In den letzten Tagen des Krieges wurde er noch im jungen Alter und trotz Sehbehinderung eingezogen, um einen absehbaren, bereits verlorenen Kampf zu bestreiten. Unter Granatbeschuss fiel er nach nur wenigen Tagen an dieser Stelle. Tragisch war die Tatsache, dass in seiner Uniformjacke das Telegramm seiner Frau gefunden wurde, in dem sie mitteilte, dass die Geburt des gemeinsamen Kindes gut verlaufen sei. Er sollte seinen Sohn nie aufwachsen sehen. Normalerweise müsste der Leichnam von Bruno Brusten auf einem Soldatenfriedhof liegen, doch es wurde tatsächlich eine Ausnahme gemacht. Ein Förster bestattete ihn zunächst an dieser Stelle. Nach einigem Hin und Her durfte er dort dann auch offiziell seinen letzten Frieden finden. Seitdem kümmert sich das zuständige Forstamt um das Grab.

Tief durchatmen – wir rollen für weitere drei Kilometer über schöne Waldwege. Passend die Namen dazu: Keilerweg und Wurzelfurth. Wer plötzlich an merkwürdigen Steinformationen einen leichten Schwefelgeruch wahrnimmt, dem könnte der Teufel im Nacken sitzen. Wir stehen vor den sogenannten Teufelssteinen.

Die Steine des Teufels

Am Weg

Die Teufelssteine

Eher unscheinbar liegen die Steinbrocken auf, teils unter dem Waldboden. Der Sage nach soll sie der Teufel beim Versuch, die Kirche in Hünxe zu zerstören, höchstpersönlich dorthin geschmissen haben. Es blieb beim Versuch, er verfehlte die Kirche immer. Damit er nicht noch einmal Ungemach anrichten konnte, mauerte man den kleinsten Stein in die Kirchenmauer ein. Wer einmal die Dorfkiche von Hünxe besucht: Man findet ihn ein paar Meter rechts vom Eingang. Die Teufelssteine sind aber in Wirklichkeit doch ganz simpel ein Ergebnis geologischer Gegebenheiten. Sie entstanden vor rund zehn Millionen Jahren, im Zeitalter des Tertiärs und sind nichts anders als verkieselter Sandboden. Die Steine sind die Überbleibsel. Wer sich dennoch fragt, woher die Löcher in den Steinen kommen: Es sind nicht die Fingerabdrücke des Teufels, sondern die Reste von Baumwurzeln, das sagen zumindest die Geologen …

Kurios geht es weiter. Nachdem wir 1,3 Kilometer die Straße „Langer Weg" entlanggefahren sind, und dann, anstatt dem scharfen Knick nach links zu folgen, einfach geradeaus weiterfahren, passieren wir im Wald der Schwarzen Heide ein fast zugewachsenes offenes Tor am Ende einer Straße. Es hat seine besten Tage schon lange hinter

sich. Der asphaltierte Weg wächst unaufhörlich weiter zu, lässt sich aber immer noch sehr gut mit dem Fahrrad befahren. Plötzlich fallen unsere Blicke auf verschlossene Bunker im Gestrüpp. Sie reihen sich entlang der alten Straße aneinander auf.

Bunkeranlage in der Schwarzen Heide

Abstecher

Flugplatz Schwarze Heide

Etwa drei Kilometer von den Teufelssteinen entfernt liegt der Flugplatz Schwarze Heide. Von hier starten kleine Propellermaschinen für Geschäftsleute, Privatflieger oder Segelflugzeuge. Der Flugplatz ist zugleich Landesleistungsstützpunkt des Deutschen AERO Club e. V. Rundflüge sind ebenfalls möglich und mit Sicherheit über dieser grandiosen Landschaft ein Erlebnis. Im Sommer locken verschiedene Veranstaltungen, darunter spannende Autorennen oder Musikfestivals, Besucher auf die Startbahn. Eine kleine Gastronomie gibt es ebenfalls. www.schwarze-heide.com

Wir befinden uns auf dem alten Gelände eines Munitionsdepots der Bundeswehr, die das Areal zwischen 1981 und 1998 nutzte. Nachdem es nicht mehr gebraucht wurde, wurden die Bunker verschweißt, Gebäude dem Erdboden gleichgemacht, doch das Eingangstor für die Allgemeinheit offen gelassen. Wie die Natur sich inzwischen die Bunker einverleibt hat, können wir hier gut erkennen. Aber wer etwas genauer hinschaut, wird doch noch einen oder zwei Bunker entdecken können, die offen sind. Unter welchen Umständen dies geschah, ist nicht geklärt. Vandalen gibt es überall. Wer sich hineinwagt, wird ein mulmiges Gefühl verspüren. Was, wenn sich das schwere Tor hinter einem plötzlich schließt? Der Gedanke wird unweigerlich kommen. Daher sei Vorsicht geboten!

Rustikal, aber schön: das Café Sonnenhof

Vorsichtig müssen wir auch sein beim Verlassen des Areals am anderen Ende. Der Pfad ist schmal, eine kurze Sandpassage auf rund 500 Metern folgt. Danach rollt es sich wieder leichtfüßig auf der Straße Kuhweg. Im Sommer ist das nahe gelegene Café Sonnenhof Scholten ein place to be für allerbesten Erdbeerkuchen.
Unsere Route führt uns nun über die Straße „Hoher Berg". Die Landschaft lichtet sich und unsere Blicke schweifen frei umher. Windräder auf den Feldern rotieren und der Duft von Wiesen und Feldern erfüllt die Luft. Bauernhöfe entlang des Wegs repräsentieren das wahre Landleben. Wunderbar.
Nach so viel Idylle müssen wir nun für etwa zwei Kilometer parallel zu der etwas stärker frequentierten Kirchhellener und Gahlener Straße auf einem neuen breiten Radweg fahren. Dann biegen wir rechts in die Straße „Packskamp" ein. Es geht wieder über Feldwege und wir landen vor einem Relikt aus alter landtechnischer Zeit. Ein Mähdrescher, Typ CLAAS Matador, der an dieser Stelle seit vielen Jahren an der Straße steht, ist zum Orientierungspunkt vieler Radler geworden. Die Formgebung ist den heutigen Mähdreschern sehr ähnlich, doch technisch ist er seit Jahrzehnten weit überholt. Dieses Gerät, das von 1962 bis 1970 gebaut wurde, wird niemals wieder eine Ernte einfahren und das Korn dreschen. Warum der Besitzer ihn verrotten lässt, ist unklar. Interessant ist ein Blick auf die alte Technik dennoch.
Wir fahren weiter über herrliche Wege. Die Straße „Reckelsberg" erreichen wir, nachdem wir über die Straße „Hofwiese" die Gahlener

Fördergerüst, Prosper Schacht 10

Straße erneut überquert haben. Das Radfahren auf diesen Wegen macht Spaß. Mal leicht hinabrollend, dann wieder sanft aufwärts pedalierend, immer geradeaus. Entlang der Straße „Overhagener Feld" sind Bauern mit allerlei Arbeiten beschäftigt. Obstanbau ist jetzt präsenter. Äpfel, Erdbeeren oder Birnen gibt es je nach Jahreszeit auf den nahe gelegenen Bauernhöfen frisch zu kaufen. Verköstigt wird das Ganze auch in schönster Atmosphäre unter anderem auf dem weithin bekannten Schmücker Hof, den wir nach insgesamt 22,2 gefahrenen Kilometern erreichen.
Wir befinden uns an der nördlichen Grenze des Ruhrgebiets, hier ist die Landschaft doch anders als im Zentrum des Potts. Weniger Zechen und Schlote, mehr Wiesen, Felder und ländlicher Charme.
Wir durchqueren nach der Autobahnbrücke den Stadtteil Bottrop-Kirchhellen, der bis 1976 sogar noch eigenständig war. Die Oberhofstraße geleitet uns durch die Stadt und geradeaus über die Holthausener Straße kommen wir dann doch noch an einer aufgegebenen Zeche vorbei.

Am Weg

Zeche Prosper Schacht 10

„Prosper V Haniel Schacht 10", so der vollständige Name, wurde 2018 geschlossen und die Förderung eingestellt. Die Versiegelung des Schachtes mit Beton war anspruchsvoll. Es wurden unter Aufsicht nochmals alle Gänge abgegangen, in dem Fall fast 29 Kilometer. Die Strecke musste als „mannlos" festgestellt werden, wie es in der Bergmannsprache heißt. Das heißt, es musste sichergestellt werden, dass sich nicht doch noch irgendjemand dort unten befindet.

Hinter der Zeche biegen wir direkt ab in die Straße „Zum Heidhof" und sind dann schon wieder in der Kirchheller Heide. Nach 1,5 Kilometern gelangen wir zum Bistro „Heidhof". Unter einem schattigen Baum sitzend kann man sich dort an einer Art Kiosk Getränke kaufen. Im Sommer ist das Lokal ein beliebter Ausflugspunkt für Groß und Klein und in der Nebensaison nicht so überlaufen. Ein wunderbarer Ort für eine Pause.

Nach der Rast fahren wir links entlang des Herrmann-Löns-Wegs weiter durch die schattenspendenden Wälder der Kirchheller Heide, unterbrochen nur von moorigen Feuchtgebieten und Freiflächen. Ein wahrer Naturschatz, den man hier vorfindet. Kurz nach der nächsten Abbiegung rechts erreichen wir ein Feuchtbiotop, das uns vor Augen führt, was durch die Bergbautätigkeit alles entstehen kann. Denn durch den Bergbau und die damit verbundenen Bergsenkungen sind hier aufgrund des steigenden Grundwasserspiegels Feuchtgebiete entstanden, die zahlreichen Tier- und Pflanzenarten einen Lebensraum bieten.

Am Pfingstsee

Nur einen Steinwurf entfernt am Pfingstsee zeigt sich das Ausmaß des Bergbaus noch wesentlich deutlicher. Teils in apokalyptischer Szenerie, je nach Wetter und Tageszeit, ragen bedrohlich wirkende tote, graue Baumstümpfe aus dem Wasser. Der See ist ebenfalls im

Laufe der Jahre durch Bergsenkungen entstanden. Doch die Natur hat etwas ganz und gar Wunderbares daraus gemacht. Der Blick über den See ist magisch. Egal ob früh am Morgen, mit Nebelfeldern, tagsüber in der Sonne oder abends in der Dämmerung. Es ist einer der schönsten Plätze zum Verweilen weit und breit.
Ein letztes, kleines Highlight auf dieser naturnahen Route gibt es noch. Ein Lost Place, nur einen knappen Kilometer vom Ziel der Tour

Radeln auf schönen Pfaden durch die Kirchheller Heide

entfernt und direkt an der Route gelegen. Folgt man der Grafenstraße, die von der Franzosenstraße rechts abgeht, bis zum Ende und fährt den Waldweg dann für 700 Meter geradeaus, dann geht es links in einen Weg hinein und man kommt unweigerlich zu diesem interessanten Ort. Früher war er schwer bewacht, denn es handelt sich um einen ehemaligen Schießstand der Bundeswehr! Das Tor ist zwar offen, aber das Betreten ist ausdrücklich verboten! Das Gelände ist inzwischen schon sehr zugewuchert. Doch vom Zaun aus erkennt man alte Gebäude, die schon jemand aufgebrochen hat. Die Schießstände sind im Dickicht nur schwer auszumachen. Etwas Unheimliches haben solche Plätze irgendwie immer an sich, oder?

Lost Place

Wir sind wieder am Wanderparkplatz angelangt. Die Eindrücke waren zahlreich. Das Ruhrgebiet hat erneut sein facettenreiches Gesicht gezeigt.

Gastronomie

Sonnenhof Scholten
Brackenberg 46
46514 Schermbeck
Tel.: 0173/4424001
Web: Facebook > Sonnenhof Scholten

Schmücker Hof
Auf der Höhe 9
46244 Kirchhellen
Tel.: 02045/401880
www.schmueckerhof.de

Zum Heidhof
Zum Heidhof 25
46244 Kirchhellen
Tel.: 0171/7583047
Web: Facebook > Zum Heidhof - Das Bistro im Grünen

Tour 5

- Startpunkt
- Zielpunkt
- Fahrradstrecke
- Gastronomie
- Naturerlebnis
- familienfreundlich
- Sehenswürdigkeit
- Parkplatz

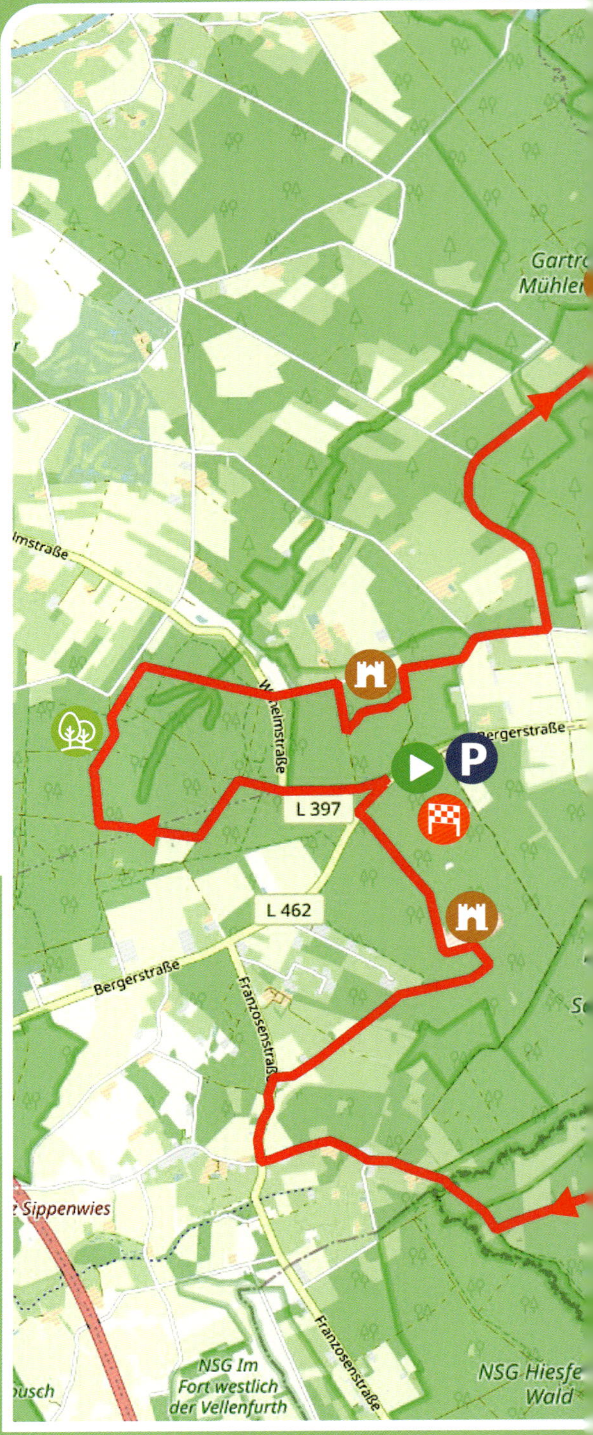

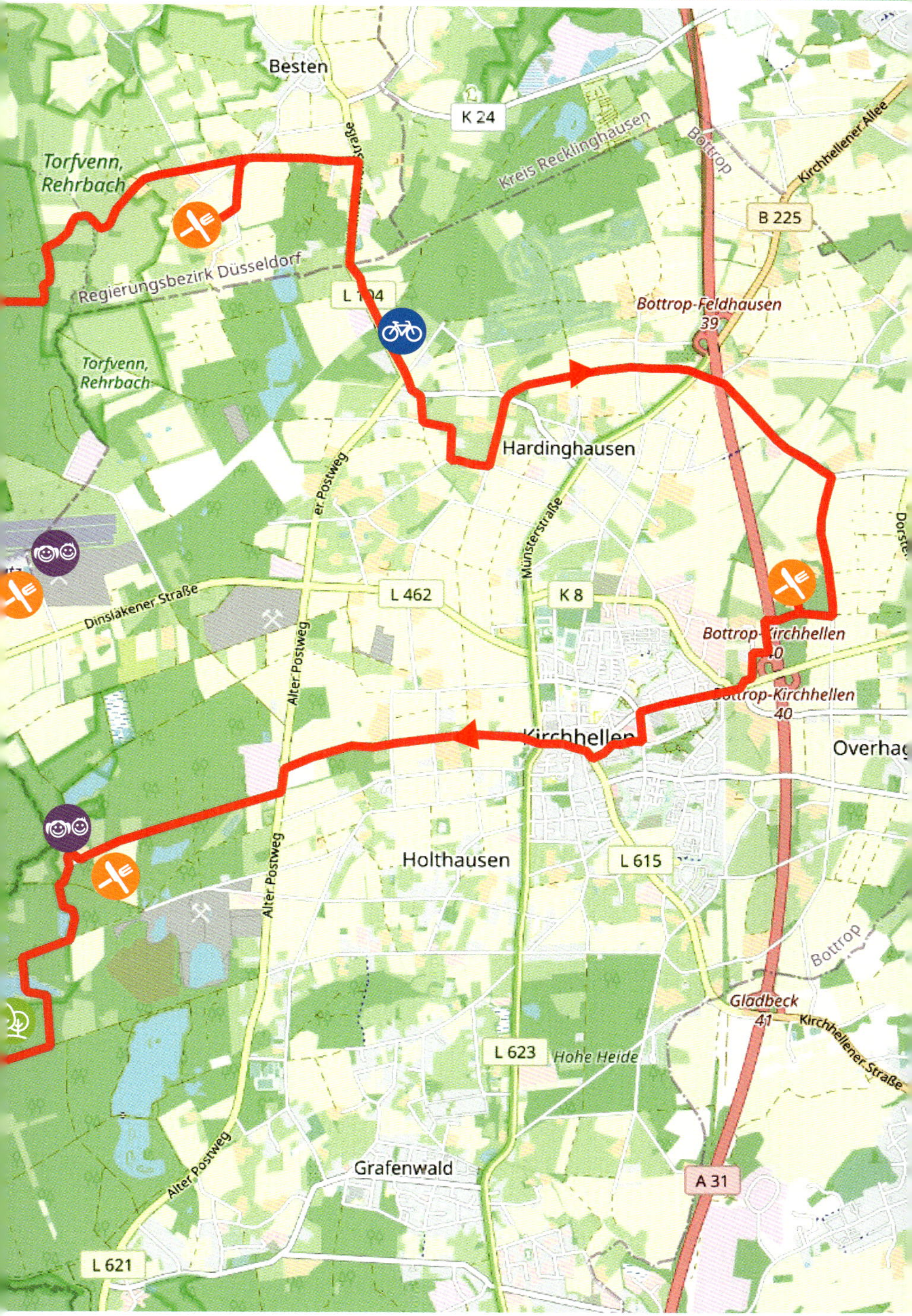

Besten
K 24
Torfvenn, Rehrbach
Kreis Recklinghausen
Bottrop
Kirchhellener Allee
B 225
Regierungsbezirk Düsseldorf
L 104
Bottrop-Feldhausen 39
Torfvenn, Rehrbach
Hardinghausen
Münsterstraße
Alter Postweg
Dinslakener Straße
L 462
K 8
Bottrop-Kirchhellen 40
Bottrop-Kirchhellen 40
Kirchhellen
Holthausen
L 615
Bottrop
Gladbeck 41
Kirchhellener Straße
L 623
Hohe Heide
Grafenwald
A 31
L 621

159 Meter

Hoch hinauf auf die Halde Haniel

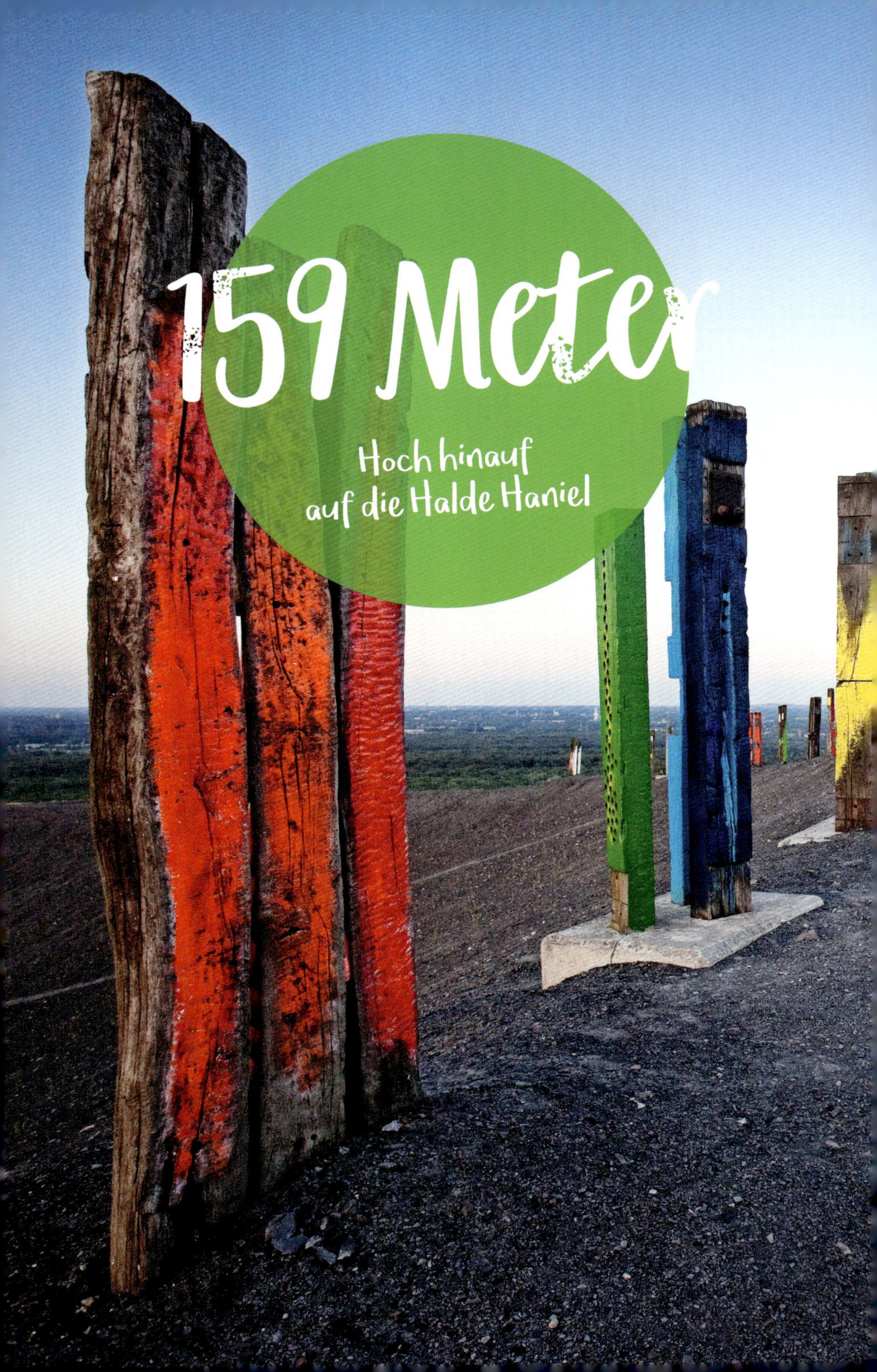

159 Meter – so hoch ist die Halde Haniel. Über dem Meeresspiegel ist sie sogar auf 185 Meter gelegen. Damit gehört sie zu den höchsten Halden des Ruhrgebiets. Und ein sehr beliebtes und belebtes Ausflugsziel ist sie noch dazu.

Doch wie sieht es hier zu Tageszeiten aus, wenn die meisten Menschen gegangen sind? Und warum gibt es hier noch so viel Natur ringsherum, dass man, je nach Blickrichtung, fast nur auf ein einziges grünes Blätterdach schaut? Diesen Fragen möchten wir auf dieser Tour nachgehen. Unterwegs lädt uns das Freizeitgelände auf der ehemaligen Zeche Lohberg zum Flanieren ein, und wenn noch Zeit bleibt: Zwei interessante Museen können wir auf dieser Tour auch besuchen.

Tour 6

2:50 Std. | 30 km | 280 Meter

Start: Bahnhof Dinslaken

Ziel: Hauptbahnhof Bottrop

Anreise/Parken: P+R-Parkplatz am Bahnhof Dinslaken

Wegbeschaffenheit: Meist fein geschotterte und asphaltierte Wege. Vorsicht ist geboten beim Aufstieg auf die Halde Haniel, da Mountainbiker eventuell entgegenkommen und an manchen Stellen gröberer Schotter liegt.

Schwierigkeitsgrad: leicht bis mittel

Besonderheiten: Die Tour entfaltet ihren besonderen Reiz in den frühen Morgen- oder Abendstunden, denn dann ist der Blick vom Dach der Halde Haniel besonders eindrucksvoll. Die Strecke ist kombinierbar mit Tour 5.

Wegbeschreibung:

Wenn wir schon eine Halde erklimmen wollen, dann müssen wir auch standesgemäß starten. Das tun wir zunächst zwar am Bahnhof in Dinslaken, folgen dann der Hünxer Straße nördlich bis zum Kreisverkehr und sind bereits nach 2,7 Kilometern ruckzuck im neuen Kreativ-Quartier Lohberg angelangt: einst Heimat der Zeche Lohberg, bei der ab 1907 viele Menschen in Dinslaken in Lohn und Brot standen. Wer sich einmal die Straßennamen im Stadtteil Lohberg anschaut, der erkennt, welche Bedeutung der Bergbau und die nahe Zeche hier einst hatten. „Schachtstraße", „Knappenstraße" oder „Hauerstraße" sind nur einige davon. Und anhand der unterschiedlichen Ausgestaltung der Häuser kann man auch erkennen, welche verschiedenen Verdienstgrade die Bergleute einst hatten.

Am Weg

Zeche Lohberg

Die Zeche Lohberg, 1905 gegründet, war eine der größten Schachtanlagen der Deutsche Steinkohle AG, rund 5200 Menschen waren hier zu Hochzeiten Ende der 1950er-Jahre beschäftigt. Nicht nur architektonisch herausragend ist das 70,5 Meter hohe Fördergerüst über Schacht 2, es ist das höchste im ganzen Ruhrgebiet. Er ragt noch heute markant über das Areal hinaus.
Nach 100-jähriger Betriebstätigkeit erfolgte 2005 das Aus und die Zechenanlage wurde umgestaltet. Wer heute mit dem Fahrrad über das große Gelände mit dem Bergpark und einem See streift, wird feststellen, dass „Umgestaltung" untertrieben ist. Hier ist größtenteils eine komplette Umwidmung geschehen. Wohnen, Kultur, Gewerbe und Naherholung werden in einem modernen, zukunftsweisenden Konzept ineinander integriert. Passend dazu: der ehrgeizige Plan, an dieser Stelle einmal das größte, zusammenhängende CO2-neutrale Stadtgebiet in Deutschland zu erschaffen.

Fördergerüst der Zeche Lohberg

Am See des ehemaligen Zechengeländes lässt es sich aushalten. Drei Stege führen aufs Wasser, die überdacht und bei Dunkelheit beleuchtet sind. Im Park gibt es den künstlichen Querschnitt eines Flözes zu entdecken. Skurrile Skulpturen, wie der polarisierende „Rote Hase“ des Künstlers Thomas Schütte, stehen ebenfalls in der Anlage und warten auf Entdeckung. Direkt im Schatten des Förderturms gelegen, können wir uns zu einer ersten Pause im modernen, stylischen Ambiente des „Zehlo“ niederlassen. Es gibt unterschiedliche Motto-Tage im Restaurant und am Samstag kann man hier hervorragend frühstücken.
Wow, was für ein Einstieg in die Tour! Die Halde Lohberg liegt direkt neben dem Parkgelände, ein offizieller Aufstieg über die Zufahrtsstraße ist jedoch leider nicht möglich. Ein bequemer Radweg führt aber ein Stück die Ober-Lohberg-Allee unterhalb der Halde entlang. Die Straße beinhaltet direkt die erste kleine Steigung für etwa 800 Meter. Durch den Kreisverkehr folgen wir rechts der Bergerstraße und dann geht es links in die Kirchstraße. Dort steht nach etwa 400 Metern unscheinbar ein kleiner Gedenkstein für Bernhardine Mook am Straßenrand. Eingemeißelt eine Dornenkrone, der Name und das Datum 7.6.1926, der Tag der Ermordung des jungen Mädchens im Alter von nur 19 Jahren. Auf dem Weg zur Arbeit auf einem nahen Bauernhof, früh am Morgen, traf sie auf ihren Mörder, der nie gefasst werden konnte. Ihre Leiche wurde an dieser Stelle gefunden. Der Stein wurde von den Dorfbewohnern errichtet.
Doch erfreuen wir uns lieber wieder an den schöneren Dingen, wie dem Radfahren in idyllischer Natur hier am Rande des Ruhrgebiets. Der Kirchstraße folgen wir für weitere 1,5 Kilometer. Wir passieren Oberlohberg und fahren weiter bis zum Mühlenmuseum. Direkt danach folgen wir dem Weg links entlang des Rotbachs. Zwischen dichten Bäumen rollt es sich gut, und das Zwitschern der Vögel hört man allerorten in den Baumkronen. Wir passieren Weiden und weitere

Schöner Weg entlang des Rotbachs

Naturschutzgebiete, wie den Scholtenbusch, der direkt am Rotbachsee liegt, oder den Hiesfelder Wald, den wir nach der Fahrt durch die Fortgraben-Allee erreichen. Oftmals gehen die Naturschutzgebiete nahtlos ineinander über. Sie bieten zahlreichen Tierarten vielschichtige Lebensräume und wichtige Rückzugsorte. Früh morgens oder auch gegen Abend herrscht hier meist eine friedvolle Atmosphäre und die Natur wirkt noch intensiver auf den Besucher ein. Tipp: Einfach mal anhalten, sich auf eine Bank oder einen Baumstamm setzen und die Stille des Waldes genießen. Augen zu, tief die Luft einatmen. Ein Traum für die Sinne.

Abstecher

Mühlenmuseum Hiesfeld

Das Mühlenmuseum am Rotbach ist eines von insgesamt nur zweien in Deutschland mit einer umfangreichen Sammlung von Mühlenmodellen. Der ursprüngliche Fachwerkbau der Wassermühle stammt von 1693 und ist mit einem großen Wasserrad ausgestattet. Angrenzend steht ein roter Backsteinbau, der später errichtet wurde und einst als Gebäude für den Mühlenbetrieb sowie als Wohnhaus für den Müller diente. Das Mühlenensemble ist denkmalgeschützt. Ein Verein zur Erhaltung dieser Anlage präsentiert hier über 60 Mühlenmodelle aus der ganzen Welt.

Wir verlassen den Wald und erreichen kurz vor der Ortschaft Grafenmühle die Hauptstraße Alter Postweg. Auch hier ist eine Rast möglich. Wer direkt die Hauptstraße überquert, trifft nach 50 Metern auf „Elkes Treff", einen beliebten Anlaufpunkt in Grafenmühle. Der Biergarten ist auf Radfahrer eingestellt. Wer auf die Rast verzichtet, der folgt rechts dem Alten Postweg auf dem Radweg. An der Ampel wechselt der Radweg auf die andere Seite! Nach etwa 500 Metern geht es links in die Straße „Am Gutshof" hinein. Kurz bevor die Straße endet, fahren wir leicht rechts und dann geht es in eine 180-Grad-Kurve. Der Anstieg auf 159 Metern beginnt.

Am Weg

Halde Haniel

Die Halde ist die zweitgrößte im Ruhrgebiet. Besuchern bietet sich von oben nicht nur ein großartiger Weitblick, sondern es warten auch einige Attraktionen. Aus dem Bergematerial der Zeche Prosper-Haniel wurde auf dem Haldendach in 126 Meter Höhe ein offenes Amphitheater aufgeschüttet. Seit der Eröffnung im Jahr 1999 zeigt das 800 Personen fassende Theater zahlreiche vielbeachtete Aufführungen. Auch Papst Johannes Paul II. besuchte die Halde, als er bei seinem Besuch am 2. Mai 1987 hier eine Messe hielt. Das große Kreuz auf dem Haldenkopf erinnert daran. Beeindruckend ist auch der 1995 installierte Kreuzweg aus 15 Kupfertafeln, geschaffen von Tisa von Schulenburg und Adolf Radecki, und seit 2002 begeistert die aus 100 Eisenbahnschwellen bestehende Installation „Totems" des baskischen Künstlers Agustín Ibarrola die Halden-Besucher.

Blick vom Dach der Halde Haniel auf das abendliche Lichtermeer

Ein Erlebnis ist es, wenn man sich von der nördlichen Seite den Weg hinauf auf die Halde Haniel begibt. Das ist zwar ein wenig mühsam, bei klarer Sicht aber ein absolutes Highlight. Sobald man die Höhe der Baumkronen überschritten hat, gibt es Aussicht satt. Dort ist nichts, was die Sicht versperrt. Schön ist es gegen Abend, wenn auf der einen Seite die Sonne untergeht und es auf der anderen bereits dunkel ist. Dann funkeln und glitzern die abertausenden Lichter der Städte um die Wette. Idee: Eine Flasche Wein mit den Liebsten trinken, etwas Käse dazu, vielleicht ein paar Weintrauben. Eine Auszeit aus dem Alltag, ein Gefühl wie im Urlaub. Wer das so zelebriert, der hat der Tour das i-Tüpfelchen aufgesetzt.

Wieder unten am Fuß der Halde angelangt, folgen wir der Fernewaldstraße und biegen kurz vor der Zechenanlage Haniel links in den „Schlehenkamp" ein. Weiter geht es immer geradeaus, und nach der Überquerung der A 2 gelangen wir schon bald in den unter Denkmalschutz stehenden Stadtpark von Bottrop. Ein weitläufiger Park mit einer großen Pappel-Allee und breiten Wegen. Erst jetzt, nach rund 18 gefahrenen Kilometern, verlassen wir erstmalig wieder das satte Grün der Wälder und nähern uns über die Josef-Albers-Straße und der Randebrockstraße der Innenstadt von Bottrop.

Abstecher

Josef Albers Museum Quadrat Bottrop

Hakeliger Name für ein Museum, doch das hat seinen Grund. Die „Huldigungen an das Quadrat", begleiteten das künstlerische Schaffen des in Bottrop geborenen Malers Josef Albers (1888–1976), dessen umfangreiche Werke im 1983 eröffneten Museum zu sehen sind. In den Folgejahren konnte die Ausstellung durch Ankauf wichtiger Sammlungen erweitert werden. Zu dem Museumskomplex gehört auch das Museum für Ur- und Ortsgeschichte mit einer der europaweit größten Sammlungen eiszeitlicher Funde. Hier imponiert unter anderem ein Skelett eines Mammuts in der Eiszeithalle.

Skulptur am Museum Quadrat

Josef Albers Museum Quadrat Bottrop, Im Stadtgarten 20, 46236 Bottrop, www.quadrat-bottrop.de. Der Eintritt in die Sammlungen ist frei!

Schön anzusehen ist das repräsentative Rathaus von Bottrop, dass wir über die Kirchhellener Straße erreichen. Ursprünglich bereits im Jahre 1877 erbaut, wurde es im Neorenaissance-Stil ab 1913 vergrößert. Der Platz davor hat einen malerischen Brunnen. Früher stand an diesem Ort direkt vor dem Rathaus noch ein weiteres kleines Gebäude. Es war das Gefängnis der Stadt!

Prächtiger Bau: das Rathaus von Bottrop

Zu guter Letzt befinden wir uns auf dem Rad-Quadrat, der gut zu fahrenden Fahrradstraße in Bottrop, bevor wir den Bahnhof erreichen – voller Eindrücke, Erlebnisse und mit Erstaunen über so viel Grün mitten im Ruhrgebiet.

Gastronomie

ZEHLO
Energiering 9
(direkt neben dem Förderturm)
46537 Dinslaken
Tel.: 0171/7831081
www.zeloh.de

Elkes Treff
Alter Postweg 126
46244 Bottrop
Tel.: 02045/83721
Web: Facebook > Elkes Treff

Tour 6

Startpunkt

Zielpunkt

Gastronomie

Naturerlebnis

Sehenswürdigkeit

Aussichtspunkt

Kulturstätte

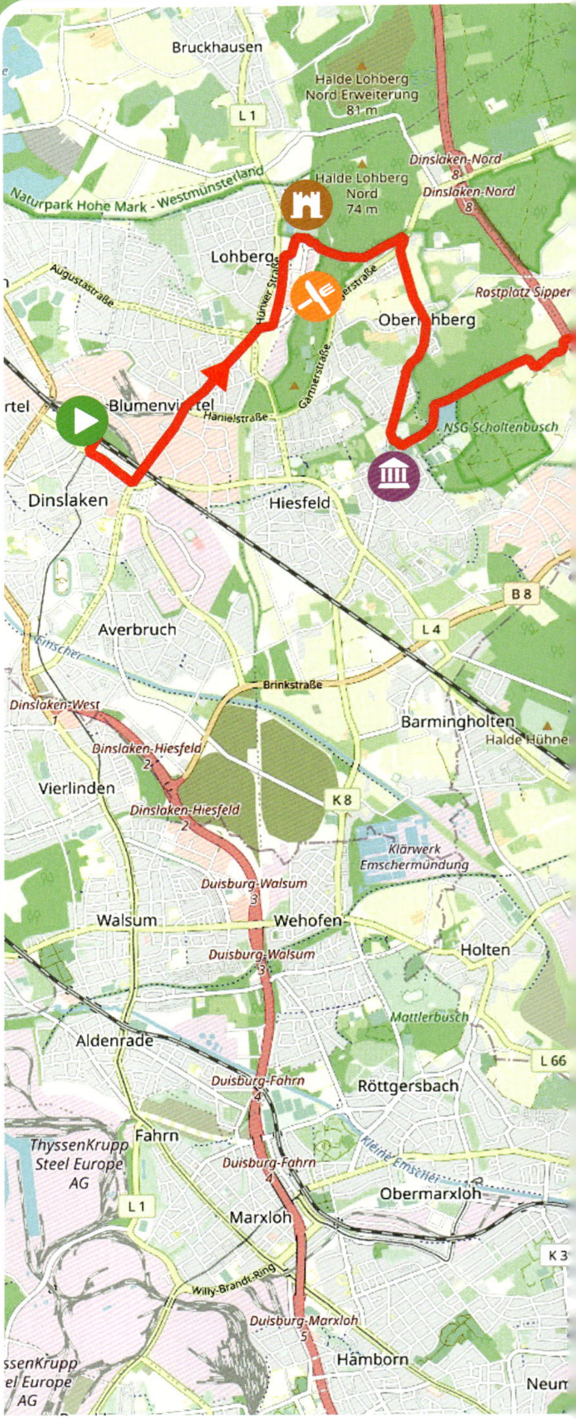

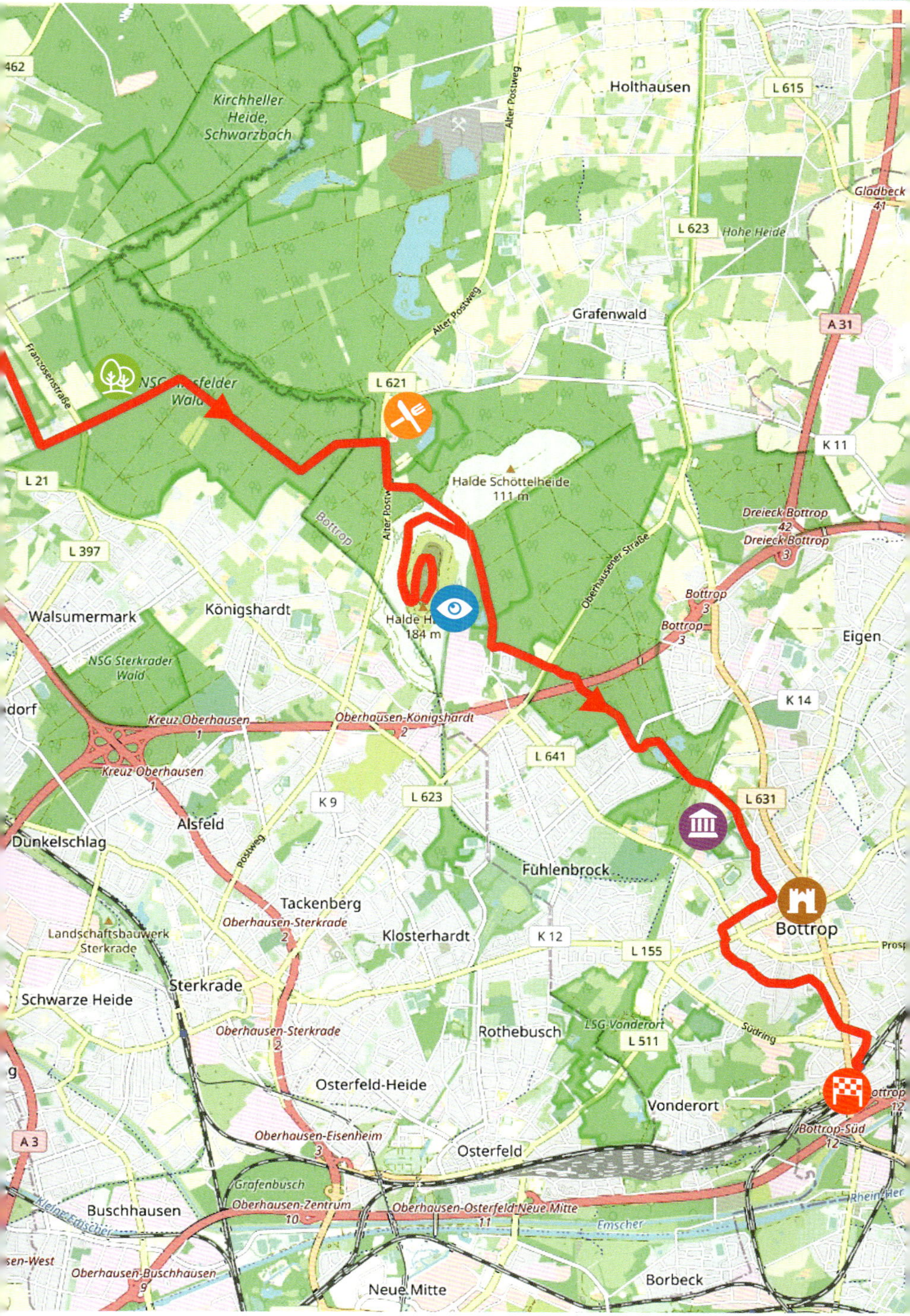

Kirchheller Heide, Schwarzbach
Holthausen
L 615
Alter Postweg
Gladbeck 41
L 623
Hohe Heide
Grafenwald
A 31
L 621
Halde Schöttelheide 111 m
K 11
L 21
L 397
Bottrop
Dreieck Bottrop 42
Dreieck Bottrop 3
Oberhausener Straße
Walsumermark
Königshardt
184 m
Bottrop 3
Eigen
NSG Sterkrader Wald
Kreuz Oberhausen 1
Oberhausen-Königshardt 2
K 14
L 641
K 9
L 623
L 631
Alsfeld
Dunkelschlag
Fuhlenbrock
Tackenberg
Oberhausen-Sterkrade 2
Landschaftsbauwerk Sterkrade
Klosterhardt
K 12
L 155
Bottrop
Sterkrade
Schwarze Heide
Rothebusch
LSG Vonderort
L 511
Südring
Osterfeld-Heide
Vonderort
Bottrop-Süd 12
A 3
Oberhausen-Eisenheim 3
Osterfeld
Grafenbusch
Oberhausen-Zentrum 10
Oberhausen-Osterfeld Neue Mitte 11
Buschhausen
Kleine Emscher
Emscher
Oberhausen-Buschhausen 9
Neue Mitte
Borbeck

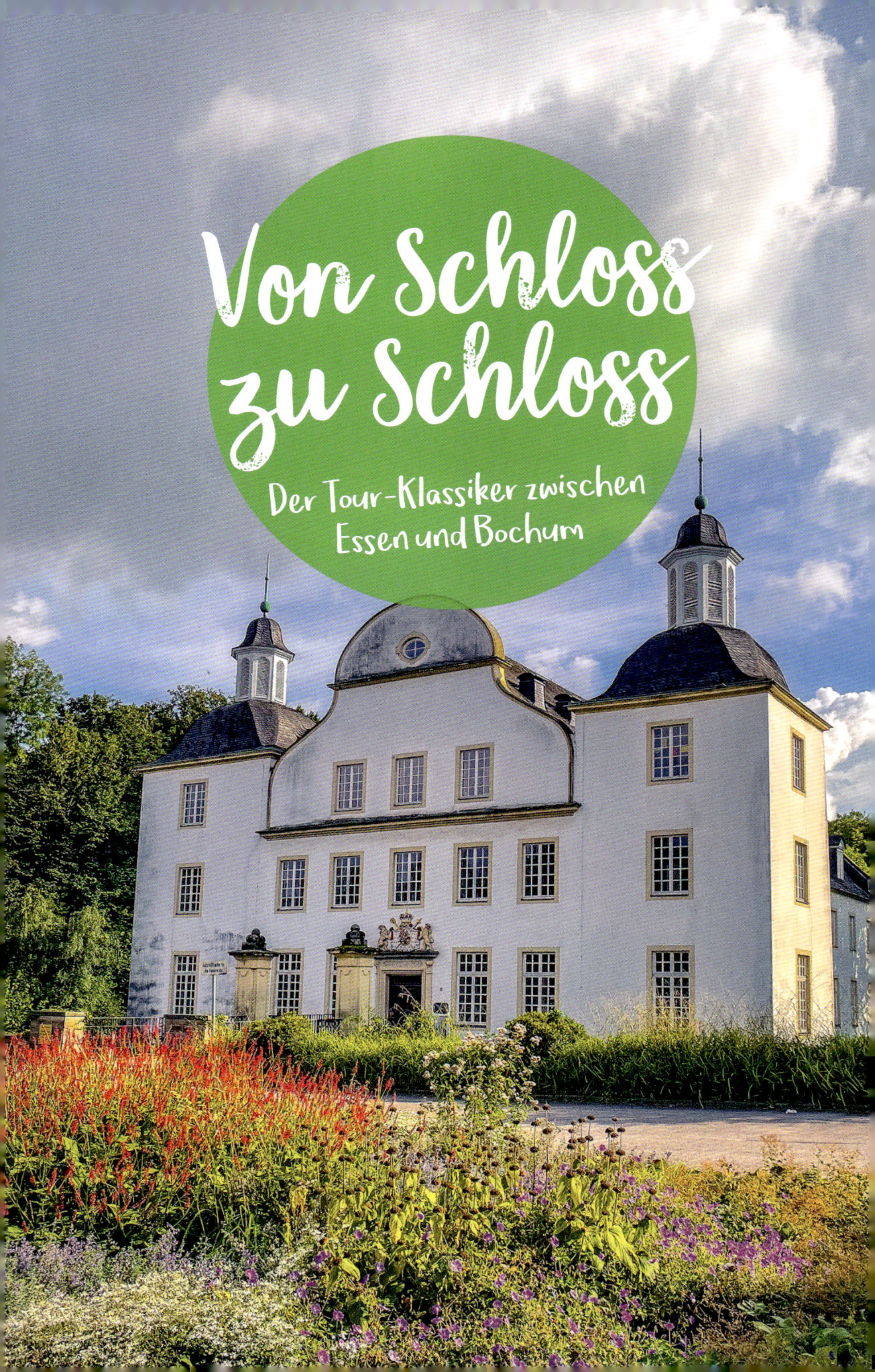
Von Schloss zu Schloss
Der Tour-Klassiker zwischen Essen und Bochum

Klassiker: Per Definition muss das etwas sein, das einen gewissen Bekanntheitsgrad erlangt hat. Etwas, das den Menschen gefällt und das sie gern noch ein zweites oder drittes Mal machen möchten. Dann hat es Potenzial zu einem echten Klassiker.

Wie diese Radtour von Schloss zu Schloss. Vielleicht mag das jetzt den einen oder anderen Leser irritieren, wenn es anscheinend über bekanntere Wege geht. Doch auch hier gibt es Unbekanntes oder Neues zu entdecken. Sind Sie schon mal in einem geologischen Garten gewesen oder haben Sie eine Schokoladenfabrik besucht? Auf dieser Tour ist das möglich. Es warten also nicht nur zwei sehr unterschiedliche Schlösser, sondern auch überraschende Ein- und Ausblicke auf uns. Nur nicht täuschen lassen!

Tour 7

2:50–3:00 Std.

38 km

290 Meter

Start: Schloss Borbeck, 45355 Essen

Ziel: Hauptbahnhof Bochum

Anreise/Parken: Mit dem ÖPNV bis Bahnhof Essen-Borbeck, dann der Fürstäbtissinstraße für etwa 600 Meter bis zur Kreuzung Schloßstraße folgen; das Schloss liegt gut erkennbar leicht links. Parkplätze in unmittelbarer Umgebung.

Wegbeschaffenheit: Meist leicht befahrbare Wege und Straßen. Aufpassen muss man nur nach etwa 18,5 Kilometern Wegstrecke auf einem kurzen, etwas ruppigen Wegstück bei Severinghausen.

Schwierigkeitsgrad: einfach bis mittel

Besonderheiten: Neben bekannten Ausflugszielen wie dem Schloss Borbeck oder dem Grugapark hält die Tour auch allerhand Überraschungen und kulinarische Highlights bereit.

Wegbeschreibung:

Bevor wir in den Sattel steigen, sollten wir direkt am Start den Park von Schloss Borbeck besuchen, denn er ist definitiv eine Besichtigung wert. Um auf Entdeckungstour zu gehen, lohnt es sich, das Fahrrad abzustellen oder durch den weitläufigen Park zu schieben. Große Bäume spenden an heißen Tagen Schatten und die große Wiese lädt zu einem romantischen Picknick ein. Im Sommer gibt es die Schlosspark-Kirmes oder für sportliche Läufer den sogenannten Schlosspark-Lauf. Außerdem bestreiten in der Saisonvorbereitung im Park viele lokale Fußballvereine ihre Laufeinheiten. Vielleicht entdecken wir bei unserer Runde auch den einen oder anderen Fußballprofi.

Am Weg

Schloss Borbeck

Schloss Borbeck mit Wassergraben und dem dahinterliegenden prächtigen Schlosspark ist eine manchmal unterschätzte Schönheit. Das Schloss ist im Stil des Barock erbaut, geht aber zurück auf einen mittelalterlichen Rittersitz, der 1227 in den Besitz des Stiftes Essen gelangte. Es diente seit dem 14. Jahrhundert vor allem als Residenz der Essener Fürstäbtissinnen. Im Zuge der Säkularisation gelangte das Schloss 1803 in preußischen Besitz. Im Jahr 1941 erwarb die Stadt Essen das Anwesen. Heute beherbergt das Schloss die Dauerausstellung „Schloss Borbeck und die Fürstäbtissinnen“ und wird zudem als Standesamt genutzt.

Sehenswert ist auch der prächtige Schlosspark. Entstanden ist er im 16. Jahrhundert, im 18. Jahrhundert wurde das Gelände zeittypisch im Stil eines englischen Landschaftsgartens umgestaltet, dabei sind auch asiatische Elemente mit eingeflossen. Der Schlosspark gehört zu den ältesten im Rheinland. Im Park entspringt obendrein aus mehreren Armen ein Quellbach, die Borbecke! Das Gewässer ist allerdings nur knapp 1,5 Kilometer lang.

Gegenüber dem Schloss befindet sich die Dubois-Arena. Konzipiert war sie für Boxkampf-Veranstaltungen. Boxen war in den 1950er-Jahren sehr beliebt und zog die Massen an. Kaum vorstellbar, dass sich hier rund 25.000 Zuschauer versammelten, um einem Profibox-Kampf beizuwohnen. Selbst der berühmte deutsche Boxer Max Schmeling war in der Arena schon zugegen. Benannt wurde sie übrigens nach dem ersten Präsidenten des Bundes Deutscher Berufsboxer, Ernst Dubois. Heute finden in der Arena verschiedene Veranstaltungen statt, geboxt wird hier allerdings nicht mehr.

Abstecher

Siedlung Margarethenhöhe

Die Margarethenhöhe gilt als erste deutsche Gartenstadt und zählt zu den größten und schönsten Siedlungen im Ruhrgebiet. Die Angestellten der Firma Krupp fanden ab 1910 hier ihr Zuhause. Die Siedlung wurde gestiftet von Margarethe Krupp. Die Margarethenhöhe versprüht mit den vielfältigen Haustypen den Charme einer romantischen Kleinstadt und gilt als Vorzeigeobjekt unternehmerischer Wohnfürsorge. Die denkmalgeschützte Siedlung ist heute als Wohnviertel heiß begehrt und gerade wegen der Architektur absolut sehenswert. In den engen Gassen sind viele Details zu entdecken. Auch der Marktplatz lädt zur Rast ein. Im damaligen Krupp'schen Konsum kauften die Arbeiter ihre Lebensmittel. Noch heute befindet sich ein Supermarkt in dem stilvollen Gebäude.

Jetzt aber ab in den Sattel und in die Pedalen getreten. Vom Schloss fahren wir über die Borbecker und Heißener Straße in die Herbrüggenstraße. Dann queren wir den Radweg RS 1, und über den Themen-Radweg „Wasser-Route“ treffen wir an der Frohnhauser Straße auf den Gruga-Radweg. Nur leicht ansteigend in Richtung Essen-Rüttenscheid lässt es sich unter den hohen Bäumen auf der alten Bahntrasse gut fahren. Plötzlich blitzt ein goldener Zwiebelturm rechts

Das Hundertwasser-Haus

des Weges durch die Bäume. Wer meint, hier nun ein Schloss vorzufinden, der täuscht sich. Es ist das „Ronald-McDonald-Haus", das auch als Hundertwasser-Haus bezeichnet wird, denn der Künstler Friedensreich Hundertwasser hat das ungewöhnliche Gebäude entworfen. Der Hintergrund ist eher ein trauriger. Es dient als eine Art Familienhaus für schwerkranke Kinder und deren nächsten Angehörigen. Schirmherr dieses Hauses ist übrigens ebenfalls ein ehemaliger Boxer: Henry Maske! Wir fahren weiter auf der Trasse des Gruga-Radwegs, rechts liegt das Grugapark-Gelände. Ein riesiges Areal, das der Naherholung dient.

Am Weg

Der Grugapark

Bereits im Jahr 1929 entstand diese 65 Hektar große Parkanlage im Zuge der „Großen Ruhrländischen Gartenbauausstellung". 1965 fand dort die Bundesgartenschau statt. Der Park gehört zu den größten Freizeitparks Europas und beherbergt neben dem Botanischen Garten zahlreiche weitere Attraktionen. Besonders eindrucksvoll ist die Veranstaltung „Parkleuchten", dann erstrahlt der Park in den dunklen Abendstunden, Besucher können kunstvolle Lichtinstallationen bestaunen und ein bisschen in eine andere Welt abtauchen.

Wir verlassen den Park und fahren auf dem Gruga-Radweg weiter geradeaus, unterqueren die Brücke der Rüttenscheider Straße und gelangen unmittelbar danach zu dem weiträumigen Areal des ehemaligen Güterbahnhofs Rüttenscheid, von dem heute allerdings nichts mehr zu erkennen ist. Wir fahren durch das Gelände, die Strecke fällt jetzt leicht ab. Nachdem die Wittekindstraße über eine Brücke überquert ist, liegt rechts neben der Trasse das Stadion Uhlenkrug.

Am Weg

Stadion Uhlenkrug

Der Fußball- und Hockey-Verein ETB Schwarz-Weiss Essen hat hier sein Zuhause. Der Traditionsclub, gegründet schon im Jahre 1900, war teilweise sehr erfolgreich (1959 DFB-Pokalsieger), spielte aber nie in der ersten Bundesliga. Trotzdem brachte der Club einige bekannte Fußballspieler hervor. Unter anderem die Nationalspieler Jens Lehmann, Thomas Hörster und Oliver Bierhoff (unter anderem Europameister 1996, Torschützenkönig der italienischen Serie A und heute Funktionär beim DFB). Der ETB steht aber, was seinen Beliebtheitsgrad angeht, bei den Stadtbewohnern deutlich hinter dem Lokalrivalen Rot-Weiss-Essen zurück.

Der Gruga-Radweg heißt an dieser Stelle auch Radweg Annen-Tal. Wir bleiben auf der Trasse, rings um uns herum zeigt sich das Grün. Wir rollen weiterhin leicht bergab. Schweißtreibendes Radfahren ist anders. Wer sich jetzt etwas genauer umblickt, wird vielleicht sogar Spider-Man entdecken! Ja, genau DER Spider-Man! Er wacht anscheinend auf dem Dach eines, passenderweise, Dachdeckerbetriebes über die Rad fahrenden Menschen. Also, Augen auf, wer ihm einmal in die Augen schauen möchte.

Ab der Unterquerung der Ruhrallee geht es für gut 3,5 Kilometer entlang der Ruhr weiter. Der Blick schweift über die Überflutungsflächen, die sich weit in die Landschaft hineinziehen. Die Ruhr ist zwar meist friedlich und hat an dieser Stelle einen lieblichen Anschein, sie kann aber wild sein, wenn das Hochwasser kommt. Zur Rast bietet sich das mediterrane Café & Bar Celona an, das sich direkt an der Trasse befindet und nach insgesamt 11,6 geradelten Kilometern anzutreffen ist. Wem das nicht zusagt, der radelt noch zwei Kilometer weiter und trifft am Ende der Trasse auf das italienische Restaurant Capobianco al Fiume, das mit einem Biergarten direkt an der Ruhr liegt.

Wir kommen nach Essen-Steele, hier biegen wir wieder vom Wasser ab und fahren nun über die Trasse der einstigen Veltenbahn, die in den 1980er-Jahren aufgegeben wurde und mittlerweile Teil der „Berg-Route" in Essen ist.

Weite Ausblicke in Richtung Gelsenkirchen

Und plötzlich überrascht der Ausblick: Essen, Gelsenkirchen, Bochum – alle Städte zum Greifen nah. Wir befinden uns auf einem leicht erhöhten Feldweg in Bochum-Sevinghausen, die A 40 ist am Horizont zu sehen. Wir erkennen das Stadion des FC Schalke 04 in Gelsenkirchen, in Blickrichtung Bochum ragt der Förderturm der Zeche Holland in den Himmel. Schauen wir nach Essen, schweift der Blick über

Abstecher

Confiserie Ruth – Schokoladenwerk Bochum

Folgt man dem Radweg R 25 bei Sevinghausen für 1,4 Kilometer in nördliche Richtung, anstatt rechts die ganz kurze Steigung im Wald zu nehmen und in die Straße „In den Höfen" einzubiegen, gibt es etwas für Naschkatzen. Bei leckerem Kuchen kann man in der Confiserie zuschauen, wie Schokolade hergestellt wird und sich gleichzeitig beim Werksverkauf für zu Hause mit allerlei süßen Sünden eindecken. Achtung: sonntags geschlossen!

die Felder von Bauer Ridder und seinem bekannten Hofladen, an deren Ende wir oben zwei große Wassertürme sehen.

Die Landschaft wirkt idyllisch, gar nicht so Ruhrpott-typisch. Wir kommen nach Sevinghausen, vorbei an der auffallend schönen Kirche Herz Jesu, und fahren entspannt entlang von Streuobstwiesen und Pferdeställen hinunter in Richtung Bochum-Dahlhausen. Den Ausblick über die Elfringhauser Schweiz und den Sender Langenberg, kurz bevor die Abfahrt beginnt, darf man ruhig gerne mitnehmen. Unten am Ende der Straße „Im Stapel" angekommen beginnt links am Kreisverkehr mit dem Springorum-Radweg eine weitere Trasse. Es geht jetzt sanft, aber stetig bergauf. Einst schnauften dort die Züge, heute die Radler. Doch schon bald gelangen wir zum Schlosspark Weitmar. Eine „Grüne Oase" nennen ihn die Anwohner und Besucher.

Springorum-Radweg

Am Weg
Schloss Weitmar

Ursprünglich ein Bauernhof aus dem 11. Jahrhundert, dann Rittergut und 1592 von Johann von Hasenkamp als Wasserschloss ausgebaut, ist das Gebäude heute eher ein Kunstobjekt. Im Zweiten Weltkrieg erfuhr das Schloss durch Bomben starke Zerstörungen. Innerhalb der Ruine wurde im Zuge der RUHR.2010 ein gewagter architektonischer Kubus erbaut. Es sieht so aus, als pelle sich der Kubus aus einer Schale heraus. Das Gebäude beherbergt ein bedeutendes Kunstmuseum. Ein zweites Museum befindet sich in direkter Nachbarschaft: das „Museum unter Tage", das unterirdisch wechselnde Kunstausstellungen zeigt.
Ein weiterer interessanter Punkt ist die Ruine der Sylvesterkapelle, die, im gotischen Stil erbaut, ebenfalls zum Großteil den Bomben zum Opfer gefallen ist. Ein fotogener Spot, historisch und mythisch zugleich. Wer sich dort etwas umschaut, der kann noch ein paar Details der Kapelle entdecken. Sie befindet sich direkt nördlich hinter dem Schloss. Übrigens: Wer eine außergewöhnliche Kulisse für seine Hochzeit sucht – ein Trauzimmer gibt es in Schloss Weitmar auch.

Im Baristoteles, das gleichzeitig schlosseigenes Café, Kaffeerösterei und Eventlocation ist, können wir ganz wunderbar eine Pause einlegen, dabei dem Vogelgezwitscher im Park lauschen und den leckeren Kuchen verspeisen. Zurück auf dem Springorum-Radweg fahren wir ganz entspannt sechs Kilometer bis zu dessen Ende. Immer wieder überraschen uns Ausblicke auf Bochum.

Abstecher

Geologischer Garten

Wer Lust und Interesse an Geologie hat, der kann noch im Geologischen Garten in Bochum vorbeischauen. Direkt an der Trasse auf dem Gelände, wo sich früher die Zeche Frederika und eine Ziegelei befanden, kann man heute in die Erdkruste blicken. Die Erdgeschichte erfahren können Besucher auf einem 500 Meter langen Rundweg, der über 17 Stationen führt. Ebenso sind Findlinge sowie Abgüsse von Baumstämmen, die in der Steinkohle gefunden wurden, zu sehen. Der Zugang zum Park ist frei.

Vom Geologischen Garten sind es noch 1,5 Kilometer bis zum Ende der Trasse und weitere 1,7 ausgeschilderte Kilometer bis zum Endpunkt der Tour, dem Bochumer Hauptbahnhof.

Gastronomie

Confiserie Ruth – Schokoladenwerk Bochum
Burgstraße 1A
44867 Bochum
Tel.: 02327/546728
www.confiserie-ruth.de

Finca & Bar Celona
Westfalenstraße 4
45136 Essen
Tel.: 0201/59276737
https://celona.de/mein-celona/details/finca-bar-celona-essen-steele

Capobianco al Fiume
Grendtor 40
45276 Essen
Tel.: 0201/4691778
https://capobianco-al-fiume.eatbu.com

Baristoteles
Schlosstraße 1a
44789 Bochum
Tel.: 0234/51697341
www.baristoteles.de

Tour 7

- Startpunkt
- Zielpunkt
- Haltestelle
- Fahrradstrecke
- Gastronomie
- Sehenswürdigkeit
- Parkplatz
- Aussichtspunkt
- Kulturstätte

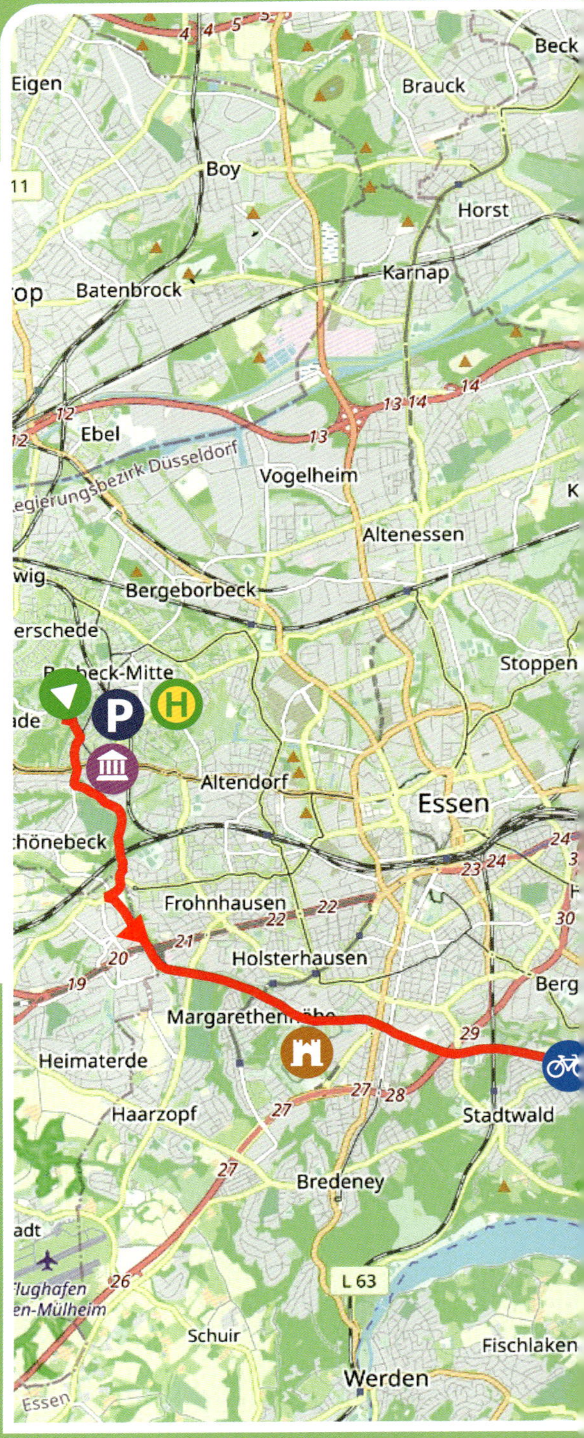

Baukau
Herne
Sod
Wanne
Schalke-Nord
Bismarck
Holsterhausen
Wanne-Bickern
Altenhöfen
Schalke
Bulmke-Hüllen
Röhlinghausen
Eickel
Bergen
Gelsenkirchen
Riemke
Neustadt
Hofstede
Ückendorf
Hordel
Grumme
Rotthausen
Günnigfeld
Hamme
Wattenscheid
Bochum
Leithe
Altenbochu
Westenfeld
Kray
Leithe
Höntrop
Wie elhausen
Eppendorf
Steele
Fre senbruch
Munscheid
K 1
Horst
Dahlhause
Linden
Stiepel
ruhr-Hinsel
uhr-Holthausen
Bochum
Burgaltendorf
Baak
Welper
Blankenstein
Byfang
Niederwenigern
Wirz
Hattingen
Holthausen
Kupferdreh
Niederbonsfeld

Wo alles begann

Der Bergbau im Muttental

Die Geschichte des Ruhrgebiets ist untrennbar mit dem Bergbau verbunden. Die Kohle war kostbares Gut und mitentscheidend für die Industrialisierung der ganzen Region. Meist denkt man dabei an große Zechenanlagen, an Schornsteine, aus denen der Ruß quoll und die Wäsche auf den Leinen niemals weiß werden ließ. Doch an der Ruhr, inmitten schönster Waldgebiete zwischen Wiesen und Bachläufen, ging es zu Beginn der Kohleförderung ganz anders zu.

Mit dem Rad begeben wir uns auf eine Zeitreise und erkunden das Muttental, von wo aus der Ruhrbergbau seinen Ausgang nahm. Dabei durchfahren wir hügelige Wälder und können Bergbaugeschichte

Tour 8

2:00 Std. | 24,5 km | 230 Meter

Start: Bahnhof Bochum-Langendreer

Ziel: Witten Bahnhof oder wahlweise Bahnhof Bochum-Langendreer (ca. 7 Kilometer extra mit dem Rad)

Anreise/Parken: P+R-Parkplatz am Bahnhof Bochum-Langendreer (Straße „Am Leithenhaus“)

Wegbeschaffenheit: Meist bequem zu fahren über Asphalt sowie Wald-/Feldwege. Lediglich im Muttental gibt es einige Unebenheiten auf losem Grund. Bei Kilometer 15 geht es steil über einen Wurzelweg, den man nur mit einem Mountainbike fahren sollte. Für alle anderen gilt es hier, das Fahrrad das kurze Stück (etwa 130 Meter) zu schieben.

Schwierigkeitsgrad: mittel

Besonderheiten: Die Tour endet in Witten, über die Trasse des „Rheinischen Esels“ kann aber zurück zum Ausgangspunkt gefahren werden. Auf der Trasse gibt es eine Beschilderung in Richtung Bahnhof Bochum-Langendreer. Die Strecke ist kombinierbar mit Tour 9.

hautnah erleben. Für die abwechslungsreiche Fahrt benötigt man am Anfang etwas Muskelkraft, zum Ende können wir aber nach dem ganzen Input herrlich entspannen. Oder wir fahren die Strecke andersherum und starten gemächlich. Egal in welche Richtung wir fahren, das Beste kommt bekanntlich immer am Schluss.

Wegbeschreibung:

Vielleicht summen wir ja das Kultlied „Bochum" von Herbert Grönemeyer leise vor uns hin, wenn wir unsere Tour am Bahnhof Bochum-Langendreer starten. Geradeaus über die Hauptstraße bringen wir die ersten Meter hinter uns und biegen dann nach 150 Metern rechts in die Hasselbrinkstraße ein. Schon erreichen wir mit dem Volkspark das erste Grün unserer Tour.

Haus Langendreer

An der Ecke Oelbachtal und Waterfuhrweg befindet sich der Einstieg in Richtung Ümminger See, auf den wir unweigerlich nach rund 1,4 Kilometern treffen. Der See entstand aus zwei Mühlteichen, die bereits im Mittelalter existierten. Die Teiche wurden jedoch durch Grubenwasser der nahe gelegenen Zeche Vollmond verunreinigt. Nach einer Sanierung und Klärung des Gewässers ist auf dem Gelände ein beliebtes Naherholungsgebiet entstanden, durch das wir jetzt auf guten Wegen fahren.
Wir folgen dem Radweg „Parkway Emscher Ruhr" und unterqueren dabei die A 44. Nach 600 Metern liegt rechts das Rittergut Haus Heven aus dem 11. Jahrhundert. Das Haus hat im Laufe der Jahrhunderte zahlreiche Besitzerwechsel erfahren. Schön hergerichtet ist es heute in Privatbesitz und dient als Landwirtschaftsbetrieb. Für weitere drei Kilometer geht es auf dem Radweg durch das schöne

Oelbachtal, an dessen Ende wir auf die Hevener Straße stoßen und den Kemnader See erblicken.

Abstecher

Rund um den Kemnader See

Der Kemnader See wurde zwischen 1976 und 1979 aufgestaut und ist damit der jüngste der insgesamt fünf Ruhrstauseen. Einst wurde an dieser Stelle auch Kohle abgebaut. Ab 1786 förderte die Zeche Gibraltar das „schwarze Gold" zutage. Eine Gedenktafel am westlichen Ufer erzählt davon. Davon ist heute nichts mehr zu sehen, der Stausee hat die Landschaft in ein beliebtes Erholungsgebiet, insbesondere für Wassersportler, verwandelt. Entlang der zehn Kilometer langen Uferwege locken zahlreiche Einkehrmöglichkeiten. Wer Lust hat, fährt einfach mal komplett um den See herum. Über den Ufer-Radweg lässt sich die Gegend prima erkunden.

Wir halten uns links des Sees und fahren vorbei am Freizeitbad Heveney. Nach 700 Metern kommt die Ruhr in Sicht, die wir über die Lakebrücke überqueren. Direkt am anderen Ufer lädt das Zollhaus Herbede mit einem schönen Biergarten zur Einkehr ein. Hier finden auch schon mal Flohmärkte oder andere Veranstaltungen statt. Auf dem folgenden Wegstück wird die Strecke nun etwas bergiger. Die Waden dürfen auf ein paar Metern in Witten-Herbede jetzt auf ihre Kraft getestet werden, nachdem wir den Stadtkern über die Meesmannstraße passiert haben. Die Fahrt die Kirchstraße hinauf kostet etwas Ausdauer, die Belohnung erfolgt jedoch schnell. Wir fahren in die Wilbergstraße, ab dort ändert sich das Landschaftsbild rasch. Das Auge erspäht hier sanfte Hügel mit Weiden und Feldern südlich von Herbede, dazu hübsche Fachwerkhäuschen, im Hintergrund breiten sich Waldstücke aus. Willkommen in einer anderen Welt. Hier sind die Wege nicht immer perfekt, aber einfach kann ja bekanntlich jeder. Doch dafür gibt es viel zu entdecken, denn in dieser eher ländlich geprägten Landschaft, die man eigentlich gar nicht mit typischen Kohle-Abbaugebieten assoziiert, liegt die Wiege des Bergbaus im Ruhrgebiet.

Sanfte Hügel prägen den südlichen Teil der Tour

Folgen wir dem Waldrand entlang des Kamperbachs in südwestliche Richtung, steht dort die Kleinzeche Egbert, die einen ersten Einblick vermittelt, wie der Bergbau einst betrieben wurde. Der Waldweg ist wunderschön zu fahren, jedoch führt uns die Strecke an dessen Ende plötzlich in einen U-Turn und wir schieben das Fahrrad auf diesem eher als Trail zu bezeichnenden Weg lieber ein kleines Stück hinauf. Offiziell heißt die Radroute „EN 11", der Trail ist kurz und an seinem Ende geht es wieder auf Asphalt über die Straße Vossegge und anschließend über die Rauendahlstraße in Richtung Muttental.

Wir durchqueren das Muttental mit dem Fahrrad. Jedoch sollte man etwas aufpassen auf den Wegen, die nicht immer ganz so einfach zu befahren sind und wo es tatsächlich mal etwas steiler sein kann. Empfehlenswert ist es, hier entweder früh morgens oder am Spätnachmittag zu fahren, da dann nicht so viele Wanderer anzutreffen sind. Dazu ist in den ruhigen Morgen- und Abendstunden die Atmo-

Am Weg

Das Muttental

Das Muttental gilt als die Wiege des Bergbaus im Ruhrgebiet. Die erste Bergbautätigkeit begann hier bereits im 16. Jahrhundert. Da die Kohle in dieser Gegend recht nah an der Erdoberfläche aufzufinden war, wurde sie früh entdeckt und zunächst in kleinen Gruben oft zum Eigenbedarf abgebaut. Einige dieser Gruben kann man heute im Gelände erkennen. Schon bald wurden Schächte und horizontale Stollen gegraben, um an die wertvolle Kohle zu kommen. Einige Stollen sind am Wegesrand zu finden. Sie haben klangvolle Namen wie „Stollen Stettin" oder „Zeche Jupiter". Unrentabel wurde der Abbau mit der voranschreitenden Industrialisierung und den immer größer werdenden Zechen im nördlichen Ruhrgebiet, sodass im Muttental der Bergbau eingestellt wurde. Übrigens: Das Gebiet wurde nach dem gleichnamigen Bach, der sich durch das Gebiet schlängelt, benannt. Das Wort hat allerdings nichts mit „Mutter" zu tun, sondern ist abgeleitet von der Bezeichnung eines weiblichen Hausschweins, nämlich der „Mutte". Über den Bergbauwanderweg lässt sich das Muttental auch zu Fuß erkunden. Zahlreiche Zeugen des frühen Bergbaus sind entlang des Wegs zu bestaunen.

sphäre in der Natur besonders spürbar und intensiv zu erleben.

Am Ende des romantischen Muttentals steht das sogenannte „Bethaus der Bergleute". Es stammt aus dem Jahre 1830 und diente den Bergleuten als Raum für Gottesdienste, es wurde aber auch als Schmiede genutzt. Ein kleiner, uriger Biergarten ist hier heute ansässig. Dazu gibt es auch Schmiede-Vorführungen nach alter Handwerkskunst, die sehenswert sind.

Das Bethaus im Muttental

Nachdem wir das Bethaus passiert haben, geht es rechts die Straße „Auf Steinhausen“ hinauf. Zu unserer Rechten liegen Felder in der hügeligen Landschaft, doch dann stehen plötzlich Skulpturen am Wegesrand: Elefanten, Giraffen und Löwen – aus rostbraunem Metall kunstvoll gestaltet. Was für ein ungewöhnlicher Anblick! Wir sind am Schloss Steinhausen. Hier kann man nicht nur Hochzeiten in stilvollem Ambiente feiern, sondern auch die ansehnliche Skulpturen-Sammlung bestaunen. Es handelt sich hierbei übrigens

um zeitgenössische Kunst aus Afrika. Einige Stücke werden sogar in weltweit angesehenen Museen ausgestellt. Also: Fahrrad parken und einen Blick riskieren!
Es bleiben nur noch wenige Meter auf unserer Route, aber trotzdem gibt es noch einiges zu entdecken. Wer noch nicht genug hat von der Geschichte des Bergbaus im Muttental, der kann sich auf dem großen Gelände der Zeche Nachtigall einen weiteren Eindruck von der Arbeit im Bergbau verschaffen. Dafür muss man nur der Straße „Auf Steinhausen“ bis ins Tal hinab folgen und am Ende links in die Nachtigallstraße einbiegen. Nach einem Kilometer ist man am LWL-Industriemuseum Zeche Nachtigall angelangt. Dabei passiert man das sehenswerte Gruben- und Feldbahnmuseum der Zeche Theresia, das bereits am Fuße der Straße nach der Abfahrt vom Schloss Steinhausen hinunter direkt am Weg liegt.

Es ist schon erstaunlich, was sich auf kurzer Strecke alles und vor allem mit dem Fahrrad entdecken lässt. Industrie und Natur lassen

Am Weg

LWL-Industriemuseum Zeche Nachtigall

Als erste Tiefbauzeche im Ruhrgebiet war die Zeche Nachtigall von 1832 bis 1892 in Betrieb. Heute ist auf dem Gelände der denkmalgeschützten Anlage das LWL-Industriemuseum untergebracht, das die Geschichte des Ruhrbergbaus beleuchtet. Neben der Dauerausstellung „Der Weg in die Tiefe" ist vor allem die Einfahrt in den 130 Meter langen Besucherstollen ein besonderes Erlebnis. Hier können sich große und kleine Besucher wie richtige Bergmänner fühlen und die Arbeit unter Tage nachvollziehen. Unter Tage einfahren kann man auch in den 100 Meter langen Dünkelbergstollen, der zum Kohleflöz Geitling führt. https://zeche-nachtigall.lwl.org/de

sich vortrefflich auf dieser Radtour miteinander kombinieren. Die Eindrücke entschädigen für die kleinen Schindereien am Berg. Über die Nachtigallbrücke erreichen wir die Herbeder Straße und gelangen wenig später zu unserem Ziel, den Hauptbahnhof Witten. Alternativ können wir über die Strecke des „Rheinischen Esels" für weitere sieben Kilometer zurück nach Bochum-Langendreer fahren. Der Einstieg zur Trasse befindet sich an der Straße „Ledderken", Ecke Marienstraße, nur 1,8 Kilometer vom Bahnhof in Witten entfernt.

Gastronomie

Zollhaus Herbede
Ruhrtal 1
58456 Witten
Tel.: 02302/1788868
www.wabembh.de/projekte/bewirten-und-erleben/zollhaus-herbede.html

Bethaus der Bergleute
Muttentalstraße 35
58452 Witten
Tel.: 02302/31951
https://bethaus-der-bergleute.business.site

Tour 8

- Startpunkt
- Zielpunkt
- Haltestelle
- Fahrradstrecke
- Gastronomie
- Naturerlebnis
- Sehenswürdigkeit
- Parkplatz
- Aussichtspunkt
- Wanderstrecke
- Fotospot
- Kulturstätte
- Freizeitspaß

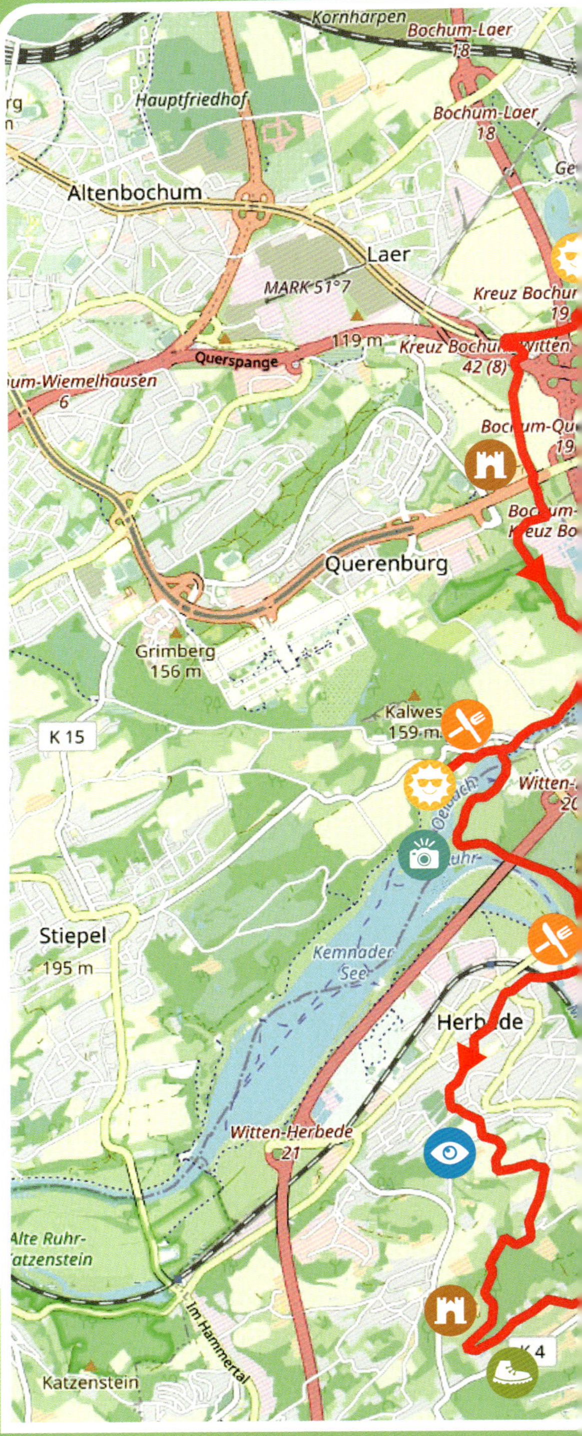

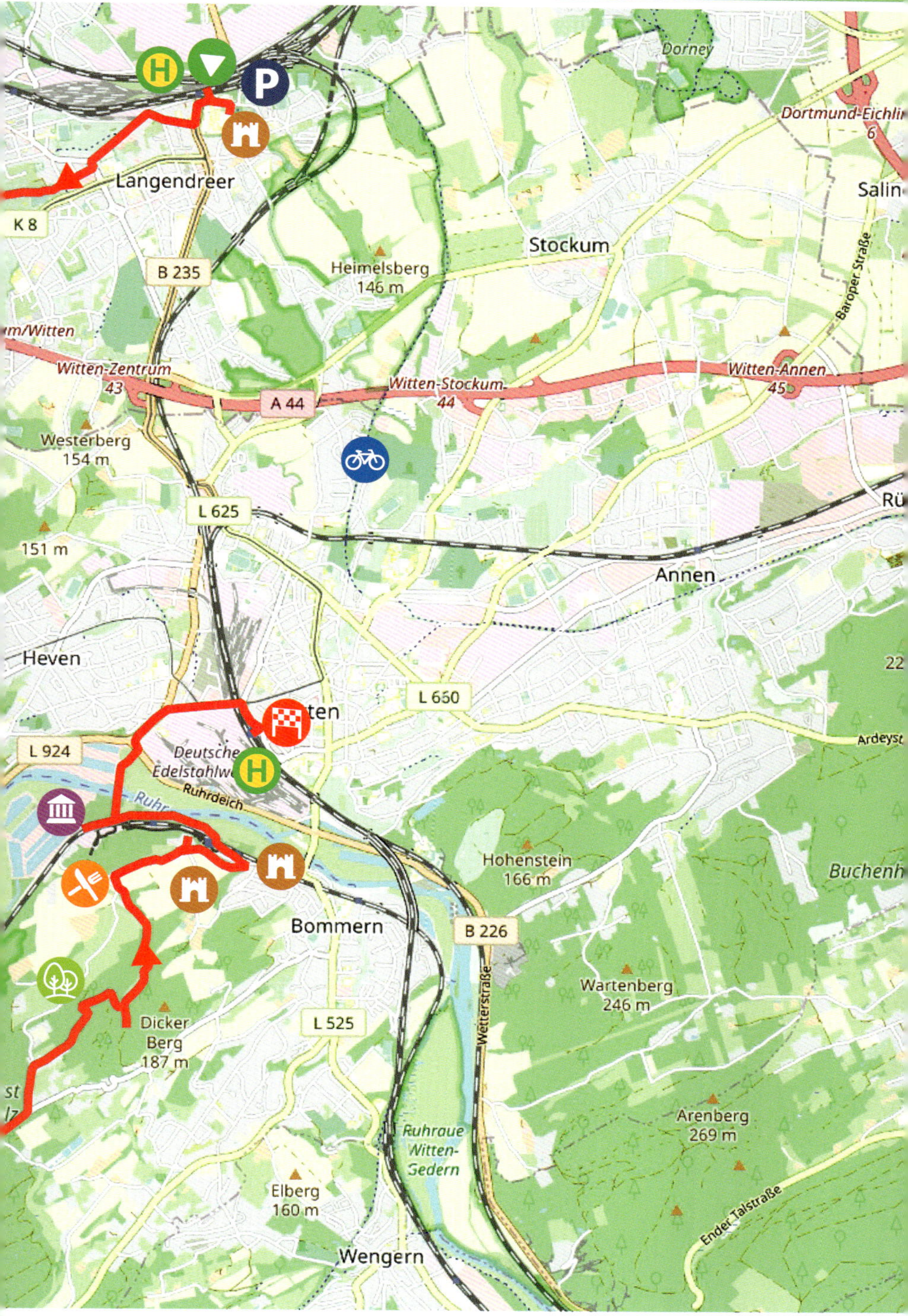

Dorney
Dortmund-Eichli
6
Salin
Langendreer
K 8
Stockum
Heimelsberg
146 m
B 235
Baroper Straße
m/Witten
Witten-Zentrum
43
A 44
Witten-Stockum
44
Witten-Annen
45
Westerberg
154 m
L 625
Rü
151 m
Annen
Heven
22
L 650
ten
L 924
Deutsche
Edelstahlw
Ruhrdeich
Ruhr
Ardeyst
Hohenstein
166 m
Buchenh
Bommern
B 226
Wetterstraße
Wartenberg
246 m
Dicker
Berg
187 m
L 525
Ruhraue
Witten-
Gedern
Arenberg
269 m
Elberg
160 m
Ender Talstraße
Wengern

Was uns die
Geschichte lehrt
Auf Spurensuche zwischen
Witten, Dortmund
und Herdecke

Radfahren und Geschichte, das passt gut zusammen. Historische Plätze, Denkmäler, aber auch idyllische Natur liegen im Ruhrgebiet oft nah beieinander und lassen sich prima mit dem Rad entdecken. Sich dabei bewusst Vergangenheit und Gegenwart vor Augen zu halten, kann nachdenklich machen, aber zugleich auch sehr inspirierend sein. Tragik und Schönheit liegen manchmal ganz dicht beieinander.

Diese Tour im Dreieck zwischen Witten, Dortmund und Herdecke bietet ein vielfältiges Repertoire spannender und tragischer Geschichten. Im Tourenverlauf erfahren wir daher so einiges über die Menschen und deren Schicksal im südöstlichen Teil des Ruhrgebiets.

Tour 9

3:00 Std. | 34 km | 410 Meter

Start: Bahnhof Witten-Annen Nord

Ziel: Bahnhof Herdecke

Anreise/Parken: Parkmöglichkeiten am Bahnhof. Vom Zielbahnhof in Herdecke ist die Rückfahrt über den Bahnhof Hagen möglich, eine direkte Bahnverbindung zum Bahnhof Witten-Annen Nord gibt es nicht.

Wegbeschaffenheit: Meist bequeme, gut ausgebaute Wege, einige Abschnitte in den Waldpassagen sind nicht so gut befestigt.

Schwierigkeitsgrad: mittel bis schwer

Besonderheiten: Die Strecke hält einen kurzen, knackigen Anstieg zum NSG Niederhofer Holz sowie ab der Überquerung der A 45 nach etwa 18 Kilometern bereit. Aufpassen muss man auch bei der Abfahrt von der Hohensyburg hinunter zur Ruhr. Die Strecke ist kombinierbar mit Tour 8.

Wegbeschreibung: Der Einstieg in unsere Tour fällt leicht. Direkt gegenüber dem Bahnhof geht es für 250 Meter in die Herdecker Straße. Wir fahren sogleich auf dem Abschnitt der ehemaligen Bahntrasse des „Rheinischen Esels" und können uns hier erst einmal etwas warm fahren. Wir befinden uns ziemlich genau in der Mitte dieser Trasse, die auf rund zehn Kilometern zwischen Bochum-Langendreer mit einem weiten Schlenker in südliche Richtung über Witten wieder in östliche Richtung führt und in Dortmund-Löttringhausen endet (oder beginnt).

Über die Namensgebung der Trasse existieren unterschiedliche Theorien. Doch die landläufige Meinung hat sich durchgesetzt, dass sich der Name von den ansässigen Marktfrauen ableitet, die wie bepackte Esel aussahen, als sie ihre Waren auf diesem Weg zu den Kunden beförderten.

Die Trasse befahren wir links in Richtung Kruckel. Sie ist wunderbar zu fahren, obwohl der Belag nicht immer perfekt ist. Trotzdem sieht man hier noch die dampfschnaubenden Loks vor dem innerlichen Auge vorbeifahren. Wo eben noch Wohngebiete waren, öffnet sich plötzlich wieder die Landschaft. Äcker und Wälder breiten sich aus, wie das Naturschutzgebiet Kruckeler Wald kurz vor Großholthausen auf der rechten Seite. Die Augen machen zwangsläufig begeistert Streifzüge durch diese reizvolle Landschaft.

Ehemalige Haltepunkte lassen sich auf der alten Bahnstrecke nur schwerlich ausmachen. Infotafeln geben manchmal Hinweise zu den Streckenabschnitten. Die Trasse verläuft rund fünf Kilometer steigungsarm durch die hügelige Landschaft, bevor sie dann bei Löttringhausen endet.

Im Wald der Großholthauser Mark, nahe der A 45, stehen wir vor einem Denkmal. Es erinnert an den tragischen Absturz eines Hubschraubers im Jahr 1996 an dieser Stelle.

Wir folgen für etwa einen Kilometer der Straße „Am Ossenbrink", bevor es erneut in ein Naturschutzgebiet geht, in die Bittermark. Kurz bevor die Straße endet, gibt es eine gute Möglichkeit zur Einkehr in schöner Atmosphäre: die Casa Iberica. Das Restaurant mit Biergarten lädt durstige Radler ein, Platz zu nehmen. Dazu werden Tapas

serviert, und eine Bäckerei in den Innenräumen hält eine vielfältige Auswahl an Leckereien bereit.
Die Waldlandschaft ist wunderschön und ruhig, wenn auch etwas hügelig. Der eine oder andere braucht vielleicht etwas mehr Kraft. Wir fahren mitten durch das Naturschutzgebiet. Nach einem leicht abfallenden Abschnitt kommt das Mahnmal Bittermark in Sicht.
Das Radfahren entschleunigt und macht den Kopf frei. Wir verlassen das Naturschutzgebiet und radeln in Richtung des Dortmunder Stadtteils Wichlinghofen. Dazu überqueren wir die B 54 und fahren vorsichtig durch das Gelände des Kleingartenvereins an der Markhege. Am Ende biegen wir links in die gleichnamige Straße ein, kurz darauf geht es rechts in die Sauerländer Straße, wo sich die Kornbrennerei Dinsing befindet. Seit 1864 wird in den eigenen Räumlichkeiten

Am Weg

Mahnmal Bittermark

Imposant wirkt es, ein wenig drohend, und es erinnert an eine furchtbare Zeit. Hier ermordete kurz vor Ende des Zweiten Weltkriegs die ortsnahe Gestapo 300 Zwangsarbeiter und Widerstandskämpfer. Die kleine parkähnliche Anlage ist würdevoll gestaltet. Der Betonblock des Mahnmals gleicht einem Gefängnis, in den Wänden sind Szenen der Gefangenen und der Zwangsarbeiter aus den umliegenden Fabriken eingemeißelt. Vor Kopf lehnt eine große, abgemagerte Figur an der Wand. Sie zeigt eindrücklich die grausamen und unmenschlichen Bedingungen auf, denen die Zwangsarbeiter ausgesetzt waren – bedrückend und mahnend.

in Wichlinghofen Hochprozentiges gebrannt. Hier kann man unter anderem Weizenkorn, Doppelweizen oder auch Wacholder Schnaps und noch einige andere Schnäpse erwerben. Aber immer daran denken: Don't drink and drive!

Blick Richtung Heimstätte des BVB

Am Haus Niederhofen, das wir nach etwa einem Kilometer erreichen, biegen wir rechts ab und rollen direkt in das Naturschutzgebiet Niederhofener Holz. Von einer Anhöhe, die wir unweigerlich passieren, bietet sich ein schöner Ausblick in Richtung Kokerei Phoenix-West in Dortmund. Kurz bevor wir auf die Straße „Am Ellberg" kommen, befindet sich links zum Gedenken ein Kreuz für Mümmel Elsken, die Hörder Hexe, die 1595 hier verbrannt wurde.
Wer unterwegs mitgezählt hat: Die A 45 queren wir nun zum vierten Mal auf dieser Tour und gelangen ins romantische Wannebachtal. Wiesen, Brachlandschaften und der Wannebach stellen einen idealen Lebensraum für allerlei Tier- und Pflanzenarten dar. Wer das liebliche

Tal etwas länger genießen möchte, der kann im „Wirtshaus Krämer" Halt machen. Ortskundige sagen auch „bei Krämer in der Wanne", was nichts anderes beschreibt als die geografische Lage im Wannebachtal. Hier gibt es nicht nur leckeres Essen, auch der Biergarten auf einer gemütlichen Terrasse ist sehr einladend.
Am Ende des Tals fahren wir links für 800 Meter die Reichsmarkstraße in Richtung Syburg hinauf. Dann führt uns schräg gegenüber der Westhofener Straße ein Weg zum nächsten Highlight dieser Tour. Dabei gilt es nochmal ein paar Höhenmeter zu überwinden, bevor wir nach weiteren 700 Metern an der Ruine der Hohensyburg stehen.

Am Weg

Ruine Hohensyburg

Die aus dem Jahr 1150 stammende Burganlage thront erhaben auf 245 Metern über N.N., unterhalb fließt die Ruhr stetig dahin. Viel übrig ist allerdings nicht geblieben von dem Gemäuer, doch trotzdem lässt sich der einstige Prunk der Anlage, welche die Kölner Erzbischöfe errichteten, erahnen. Viele Besitzer folgten. Zerstörung und Wiederaufbau ebenfalls. Wahrscheinlich bereits im 17. Jahrhundert wurde sie aufgegeben und sich selbst überlassen. In dieser Lage mag man das kaum glauben. Daneben steht der Vincke-Turm, der jedoch gar nicht so alt ist. Erst 1857 erbaut, in Erinnerung an Ludwig von Vincke, der sich um die Region Westfalens verdient gemacht hat, wurde er im Zweiten Weltkrieg noch als Beobachtungsposten der deutschen Wehrmacht genutzt. Ebenfalls nur wenige Meter von der Burgruine entfernt befindet sich das 1902 errichtete majestätische Kaiser-Wilhelm-Denkmal mit dem reitenden Abbild des Kaisers vor einem stattlichen Turm. Die Aussicht hinab in die Landschaft ist sehr beeindruckend. Die Lenne mündet dort unten in die Ruhr, die sich hier wiederum in den Hengsteysee ergießt, bevor sie weiter in Richtung Rhein fließt.

Das Eisenbahnviadukt bei Herdecke

Das Kaiser-Denkmal auf der Hohensyburg

Wir werfen noch ein paar sehnsüchtige Blicke hinab ins Tal, bevor wir das Plateau verlassen. Mit Schuss geht es ab Syberg hinab über die Syburger Dorfstraße. Kurz bevor die Straße endet, müssen wir rechts abbiegen in Richtung Haus Husen, um zum Hengsteysee zu gelangen. Zunächst treffen wir jedoch auf die Ruhr, die dann später in den See übergeht. Satte sieben Kilometer flaches Radfahren ab der Lenne-Mündung, die sich direkt auf der anderen Ruhrseite befindet, sind es jetzt noch bis Herdecke. Nun können wir nach so vielen Eindrücken die Beine und die Seele ein bisschen am Ufer baumeln lassen. Das Ruhrviadukt, eine noch aktive Eisenbahnbrücke aus dem Jahre 1879, ist sehr sehenswert. Und der historische Marktplatz von Herdecke mit den Fachwerkhäusern lädt zum Bummeln ein.

Geschichtlich hat Herdecke auch einiges zu bieten, und ein letzter Blick in die Vergangenheit ist uns mit dem Ehrenmal noch vergönnt. Es befindet sich nördlich der Altstadt in der Goethestraße. Ein steinerner Soldat sitzt nachdenklich an der Mauer. Den Kopf auf die Hand gestützt, den Blick nach unten gerichtet, den Lorbeerkranz in der anderen Hand, sinnierend über den Unsinn des Krieges und den Verlust von Menschenleben unter grausamer Gewaltherrschaft. Dieses Denkmal dient der Erinnerung an die Opfer der Stadt während des Zweiten Weltkriegs. Oft werden solche Denkmäler gar nicht mehr richtig beachtet. Dabei sind sie ein wichtiges kulturelles und gesellschaftliches Erbe. Sie erinnern uns daran, sich der Geschichte bewusst zu werden und mahnen uns für die Zukunft, achtsam zu sein. Vom Ehrenmal ist es nur noch ein Katzensprung bis zum Ziel. Die Route führt von der Goethe- auf die Bahnhofstraße. Den Bahnhof erreichen wir nach 300 Metern.

Tipp

Wer meint, die Strecke wäre zu kurz, der kann diese Route mit der Tour 8 „Wie alles begann" verbinden. Die Trasse des „Rheinischen Esels" bietet sich dafür perfekt an. Auch als Rundkurs und Zweitagestour lassen sich die beiden Routen miteinander kombinieren. So kann man zwischen Witten und Herdecke der Ruhr folgen und erlebt eine hochinteressante Rundtour.

Gastronomie

Casa Iberica
Am Ossenbrink 55
44227 Dortmund
Tel.: 0231/979709919
www.restaurant-casa-iberica.de

Wirtshaus Krämer
Wannestraße 251
44265 Dortmund
Tel.: 02304/9828807
www.wirtshaus-krämer.de

Tour 9

- Startpunkt
- Zielpunkt
- Haltestelle
- Fahrradstrecke
- Gastronomie
- Naturerlebnis
- Sehenswürdigkeit
- Parkplatz
- Aussichtspunkt
- Fotospot
- Kulturstätte

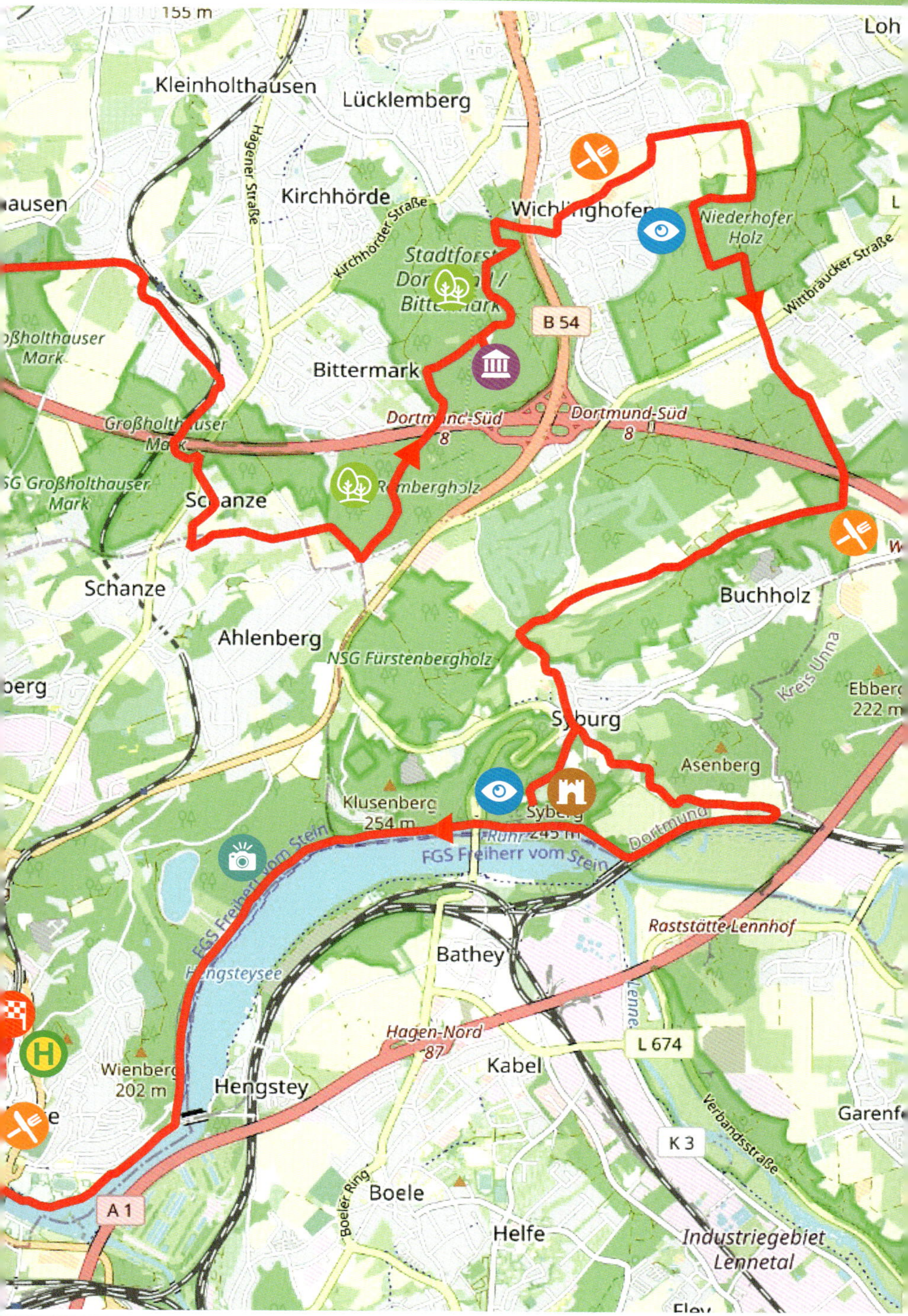

155 m
Kleinholthausen
Lücklemberg
Loh
Hagener Straße
Kirchhörde
Kirchhörder Straße
Wichlinghofen
Niederhofer Holz
Wittbräucker Straße
Stadtforst Dortmund / Bittermark
B 54
Bittermark
Großholthauser Mark
Dortmund-Süd
8
Rombergholz
Schanze
NSG Großholthauser Mark
Buchholz
Ahlenberg
NSG Fürstenbergholz
Kreis Unna
Ebberg 222 m
Syburg
Asenberg
Klusenberg 254 m
Syburg 245 m
Ruhr
FGS Freiherr vom Stein
Dortmund
Raststätte Lennhof
Bathey
Hengsteysee
Hagen-Nord
87
Lenne
L 674
Kabel
Wienberg 202 m
Hengstey
Garenfeld
K 3
Verbandsstraße
Boeler Ring
Boele
A 1
Helfe
Industriegebiet Lennetal

Genussvoll und beeindruckend

Rundherum und hinauf auf die Halde Hoheward

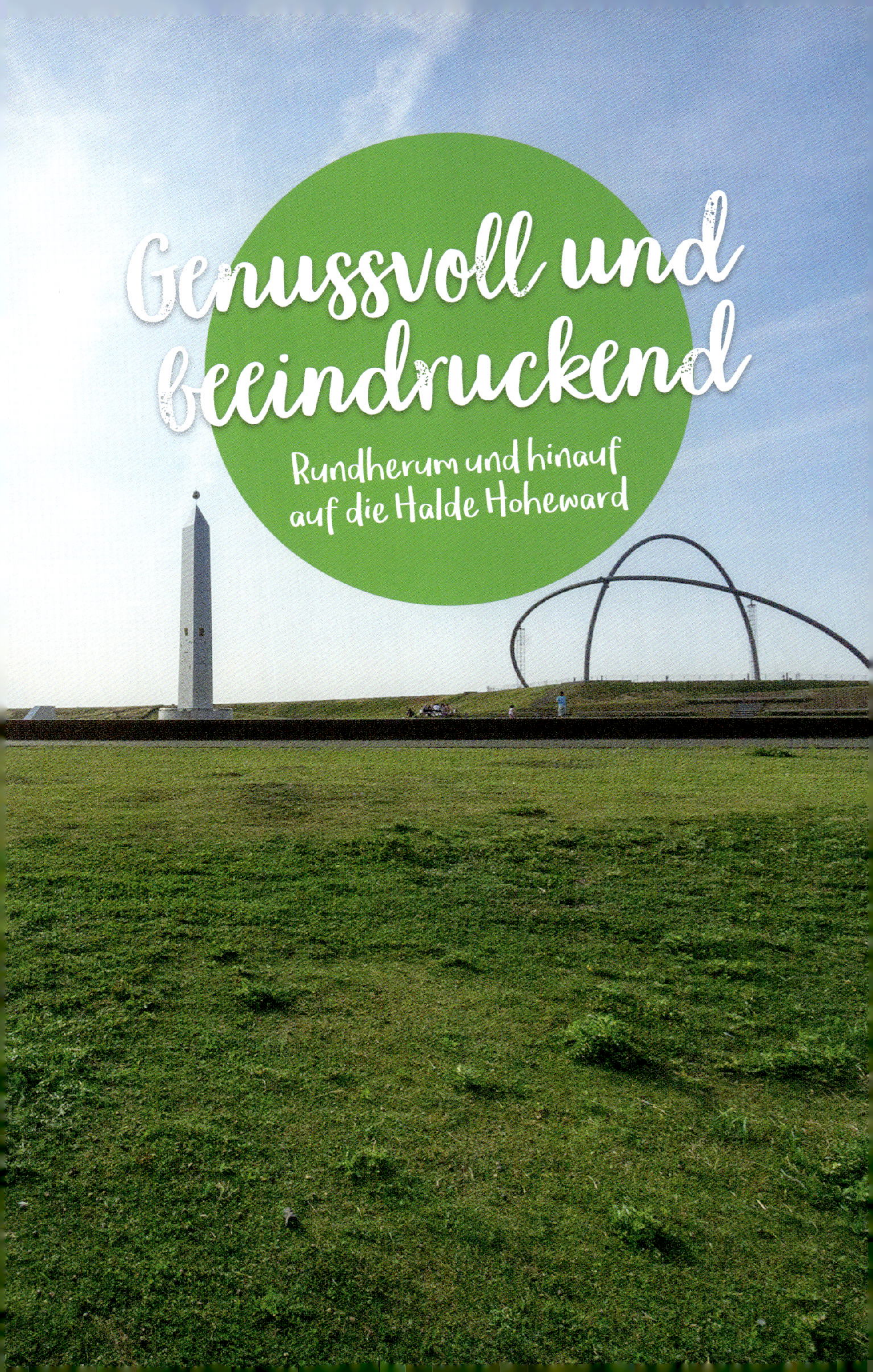

Genuss bezeichnet eine positive Sinnesempfindung in Verbindung mit körperlichem oder geistigem Wohlbefinden. Das trifft den Nagel so ziemlich auf den Kopf bei dieser Radtour. Denn auf der interessanten Runde können wir spannende Eindrücke sammeln, Weitblicke genießen, aber auch die Natur intensiv erleben.

Wir starten unsere „Genuss-Route" an der Halde Hoheward, können aber bald den würzigen Duft des Waldes einatmen und den sommerlichen Geruch der Felder und Blumenwiesen genießen. Von Schloss Herten über den Flugplatz Marl-Lohmühle und an der Halde General Blumenthal vorbei führt uns die Strecke dann zurück zum Ausgangspunkt, der Halde Hoheward. Und natürlich hält diese Tour auch kulinarische Genüsse für uns bereit.

Tour 10

3:00 Std. | 39 km | 140 Meter

Start/Ziel: Halde Hoheward, Ewaldstraße 261, 45699 Herten

Anreise/Parken: Mit dem Pkw zum Besucherzentrum Halde Hoheward. Parkmöglichkeiten am Doncaster Platz oder an der Albert-Einstein-Allee. Alternativ mit dem ÖPNV bis Bahnhof Recklinghausen-Süd, von dort über ruhige Nebenwege zur Halde Hoheward, etwa 5,5 Kilometer.

Wegbeschaffenheit: Meist bequeme, gut befahrbare Wege über Asphalt, teils fester Kies, streckenweise Fahrradwege

Schwierigkeitsgrad: leicht

Besonderheiten: Höhenmeter lassen sich hauptsächlich auf dem gut ausgebauten Weg hinauf zur Halde Hoheward sammeln. Außerdem gibt es für Mountainbike-Fahrer zahlreiche Strecken an den Flanken der Halde.

Wegbeschreibung: Kaum sind wir vom Startort am Gelände der Zeche Ewald in Herten gestartet, überqueren wir die Ewaldstraße und tauchen direkt in einen Wald ein. Nach kurzer Strecke erreichen wir den Ewaldsee. Der Anblick des reizvollen Gewässers entlockt uns ein erstes „Ah" und „Oh". Der See ist beim Bau der nahen A 2 entstanden, hat sich aber inzwischen zu einem kleinen Naturparadies entwickelt und ist Heimat einiger seltener Vogelarten.
Über den Emscher-Park-Radweg, auf den wir am südlichen Ende des Sees kommen, fährt es sich prima. Wir folgen ihm für 1,2 Kilometer in westliche Richtung. Die Bäume spenden Schatten und während der Fahrt verflüchtigen sich die Gedanken an den Alltag schnell aus dem Kopf.
Dann nähern wir uns auch schon in nördlicher Richtung über den Radweg R 27 fahrend dem Wasserschloss Herten und seinem prächtigen Schlosspark.

Schön gelegen ist das Schloss Herten.

Am Weg

Schloss Herten

Das erstmals 1376 urkundlich erwähnt Schloss wurde im 16. Jahrhundert zu einem spätgotischen Wasserschloss ausgebaut. Der Park war einst als Barockgarten angelegt, nach der Umgestaltung von 1814 bis 1817 präsentiert er sich heute im Stil eines englischen Landschaftsgartens. Nahtlos ineinander über gehen das Schloss und der die Anlage umgebende 200 Hektar große Schlosswald. Schloss Herten ist heute eine beliebte Kultur- und Freizeitstätte im Ruhrgebiet mit einem vielfältigen Angebot wie dem Kunstmark zu Pfingsten oder dem Lichterwald in der Adventszeit.

Alte Kastanienbäume säumen die Wege des Parks. Auch wenn wir erst ein kurzes Stück gefahren sind, nehmen wir uns die Zeit und lassen uns hier für ein paar Minuten nieder, um diese romantische Anlage genussvoll auf uns wirken zu lassen.
Wer Durst hat, kann sich schon bald mit Softgetränken eindecken. An der Ecke Staakener Straße und Paschenbergstraße unterhält ein Hersteller eben dieser Getränke eine Abfüllstation. Am Verwaltungsgebäude steht ein Automat, an dem sich jeder bedienen kann. Im Sommer tut so eine Erfrischung gut und der Zucker bewirkt beim Radfahren manchmal wahre Wunder.
Wir fahren durch die Neuköllner Straße im Hertener Stadtteil Paschenberg und anschließend in die Friedrichstraße. Von dort zweigt nach der Hausnummer 28 rechts ein kurzer, unscheinbarer Weg ab, den wir nun nehmen. Wir lassen dort den Park am Backumer Tal und ein paar ruhige Wohngebiete an der Backumer Straße hinter uns. Es wird jetzt deutlich ländlicher. Passend dazu wäre eine Pause angebracht. „Bauer Südfeld" ist ein beliebter Stopp. Neben dem Biergarten gibt es auch einen Hofladen. Gemütlich und urig wie die Strecke selbst.
Immer mehr Felder begleiten uns links und rechts auf unserer Fahrt über ruhige Straßen. Blühender Raps, kleine Waldstücke, die Strecke gestaltet sich abwechslungsreich, da schlägt das Radler-Herz freu-

dig im Takt. In der Riedstraße fährt es sich bequem für 1,5 Kilometer hinauf bis zu einem Angelteich, der sich links am Ende der Straße befindet. Dort halten oft ein paar Angler ihre Ruten ins Wasser.

Für 500 Meter geht es danach auf einem sehr breiten Seitenstreifen leicht bergan entlang der B 225, doch dann wird die Strecke sofort wieder schöner. Wir radeln in die Eichenstraße hinein, nach etwa 400 Metern ergibt sich auf einem schönen Feldweg eine herrliche Aussicht in Richtung Marl-Drewer. Der weite Blick in das nun nahe Münsterland hinein kann einen verzaubern. Einfach mal anhalten und genießen.

Nach rund zwei Kilometern erreichen wir den Verkehrslandeplatz Marl-Loemühle an der Bockholter Straße. Vom Flugplatz starten nicht nur Privatleute, sondern hier sind ebenso Rundflüge mit einem Doppeldecker für jedermann möglich. Es kann zudem passieren, dass nebenan auf der Wiese gerade ein paar Fallschirmspringer landen, die so wagemutig waren, sich in großer Höhe aus dem Flugzeug zu stürzen. Also Obacht.

Der Asphalt auf dem Weg „Brüninghoff", den wir parallel zum Flughafen bis zur Autobahnbrücke der A 43 befahren, ist nicht ganz so gut in Schuss. Dafür ist die Landschaft ringsherum umso schöner. Nach der Brücke wird der Untergrund wieder besser. Wir kommen nach etwa 1,3 Kilometern an dem bezaubernden Weiher „Mollbeck" vorbei. Dort laden ein paar Bänke zur Rast ein. In der Sonne lässt es sich hier gut aushalten.

Tipp

Freibad Mollbeck

Sommerliche Temperaturen verdienen eine Abkühlung! Kurz vor dem Weiher befindet sich das Freibad Mollbeck. Wieso also nicht die Badehose auspacken und einfach mal ins kühle Nass springen? Anschließend kann man sich auf der Liegewiese wieder von der Sonne trocknen lassen. Ein Kiosk bietet kleine Snacks und Erfrischungen an. Freibad Mollbeck, Nesselrodestraße 8, 45659 Recklinghausen.

Nach etwa 600 Metern und Überquerung der Haltener Straße erreichen wir im Recklinghausener Ortsteil Speckhorn an der Ecke Kühl- und Flurstraße einen weiteren Hofladen. Auf dem Hof Feugmann findet der hungrige und durstige Radler Obst, Wurstwaren und Gemüse. Und obendrein wird dort herrlich leckeres Eis, das in der Region produziert wird, angeboten.

Hof Feugmann mit Hofladen

Vom Hofladen sind es nur 1,2 Kilometer, bis wir am bewaldeten Hang der Halde „General Blumenthal 8" ankommen. Dort fahren wir entlang eines schattigen Wegs, der Silvertbach fließt gemächlich etwas unterhalb zu unserer Linken. Wer Lust hat, macht einen Abstecher auf diese nicht sehr hohe Halde, um weitere Perspektiven der Landschaft zu genießen. Die alte Strecke der Zechenbahn ist heute ein märchenhafter Radweg. Ein paar Zeugnisse aus der betriebsamen Zeit des Bergbaus finden sich noch am Wegesrand.

Wir befinden uns bei Oer, wo wir von der Zechenbahn rechts auf die Recklinghauser Straße in Richtung Alt-Oer abbiegen. Nachdem wir die Devensstraße überquert haben, wird die Landschaft etwas hügeliger. Es geht leicht ansteigend in Richtung Recklinghausen-Ostviertel, das rechts von uns liegt. Den Ostscharweg noch ein letztes Stück hochkurbeln und plötzlich tut sich oben auf der Kuppe ein Weitblick auf, der uns in seinen Bann zieht. Tief blicken wir hinein in den Pott. Faszinierend. Schön. Dramatisch. Glückseligkeit.

Wir fahren rechts ab nach Recklinghausen-Hillen über den Frankenweg, schlängeln uns etwas durch ruhige Nebenstraßen und kommen über die Reiners- und Hubertusstraße nach der ersten Schienenüberquerung links auf einen ruhigen Radweg. Nach 500 Metern zweigt rechts die König-Ludwig-Trasse ab, der wir für 2,5 Kilometer in Richtung Westen folgen. Sie verband einst verschiedene Zechenanlagen miteinander. Heute rollen wir hier komfortabel und bequem mit dem Rad, wo früher die Zechenbahn ihren emsigen Dienst verrichtete.

Unterhalb geschmackvoll hergerichteter Brücken finden sich Wandgemälde mit Szenen aus dem Bergbau. Künstlerisch ausgezeichnet umgesetzt. Überdies lassen sich Relikte aus alter Zeit, aber auch moderne Kunstwerke finden.

Der Abzweig zur „Allee des Wandels“ folgt, wir biegen hier links ab. Diese Trasse integriert sich nahtlos in die Landschaft. Auf dem alten Bahndamm hat man zu allen Seiten eine gute Sicht. Am Wochenende ist es hier zwar etwas voller, trotzdem lässt es sich bequem in die Pedale treten. Schon von Weitem sieht man die erhabene Halde Hoheward mit den riesigen Bögen des Horizontobservatoriums. Wer da am Ende noch hinauf möchte, der muss den sogenannten Aufstieg des Karakterbergs meistern, der in Fahrrad-Kreisen berühmt und berüchtigt ist. Er startet direkt am Fuße unten an der Schranke im Start- und Zielbereich unserer Tour.

So ein Anstieg ist nicht jedermanns Sache, aber die Mühe ist absolut lohnenswert. Wer einmal dort oben angekommen ist, der kommt aus dem Staunen nicht mehr heraus. Gerade in den frühen Morgenstunden ist der Sonnenaufgang unübertroffen. Unterhalb der Halde, in den Wäldern und auf den Wiesen ringsum, sieht man den Nebel wabern. Im gesamten urbanen Ballungsraum mit seiner allgegenwärtigen Industriekulisse erwacht langsam das Leben, während die ersten Sonnenstrahlen ihre magische Kraft am Horizont entfalten. Und das ist dann wahrlich ein vollkommener Genuss.

Am Weg

Halde Hoheward

Mit 152 Metern ist die ehemalige Bergehalde Hoheward eine der größten im Revier und ein attraktives Freizeitareal. Als weithin sichtbare Landmarke thront auf dem Haldendach das Horizontobservatorium mit zwei 45 Meter hohen geschwungenen Stahlbögen, die sich als Meridian und Himmelsäquator über den Platz spannen. Der Lauf von Sonne, Mond und Sternen kann von hier aus beobachtet werden. Auch der fast neun Meter hohe Obelisk mit der Horizontalsonnenuhr macht den Besuch des Haldenplateaus zu einem besonderen Erlebnis.
Am Fuße der Halde befindet sich die historische Zechenanlage Ewald mit den beiden Fördergerüsten und dem markanten Malakowturm.

Gastronomie

Bauer Südfeld
Backumer Straße 416
45701 Herne
Tel.: 02366/4419
www.bauer-suedfeld.de

Hof Feugmann
Kühlstraße 3
45659 Recklinghausen
Tel.: 02361/28965
www.hofladen-feugmann.de

Tour 10

Startpunkt

Zielpunkt

Fahrradstrecke

Gastronomie

Naturerlebnis

familienfreundlich

Sehenswürdigkeit

Parkplatz

Aussichtspunkt

Fotospot

Kulturstätte

Freizeitspaß

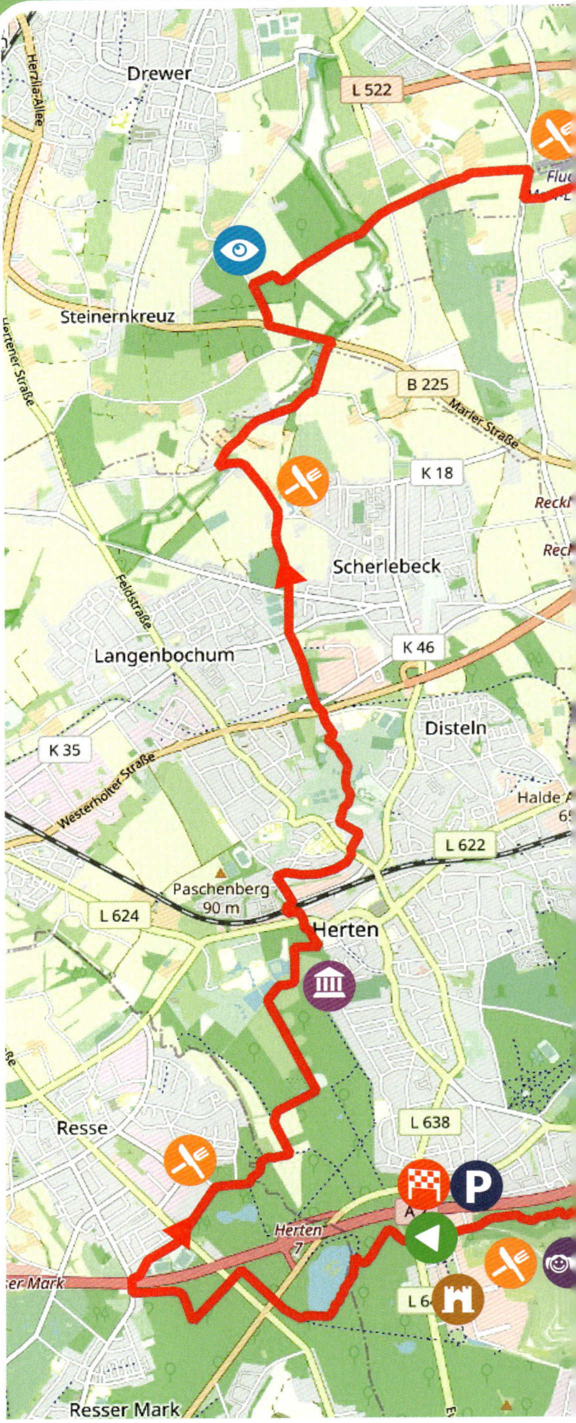

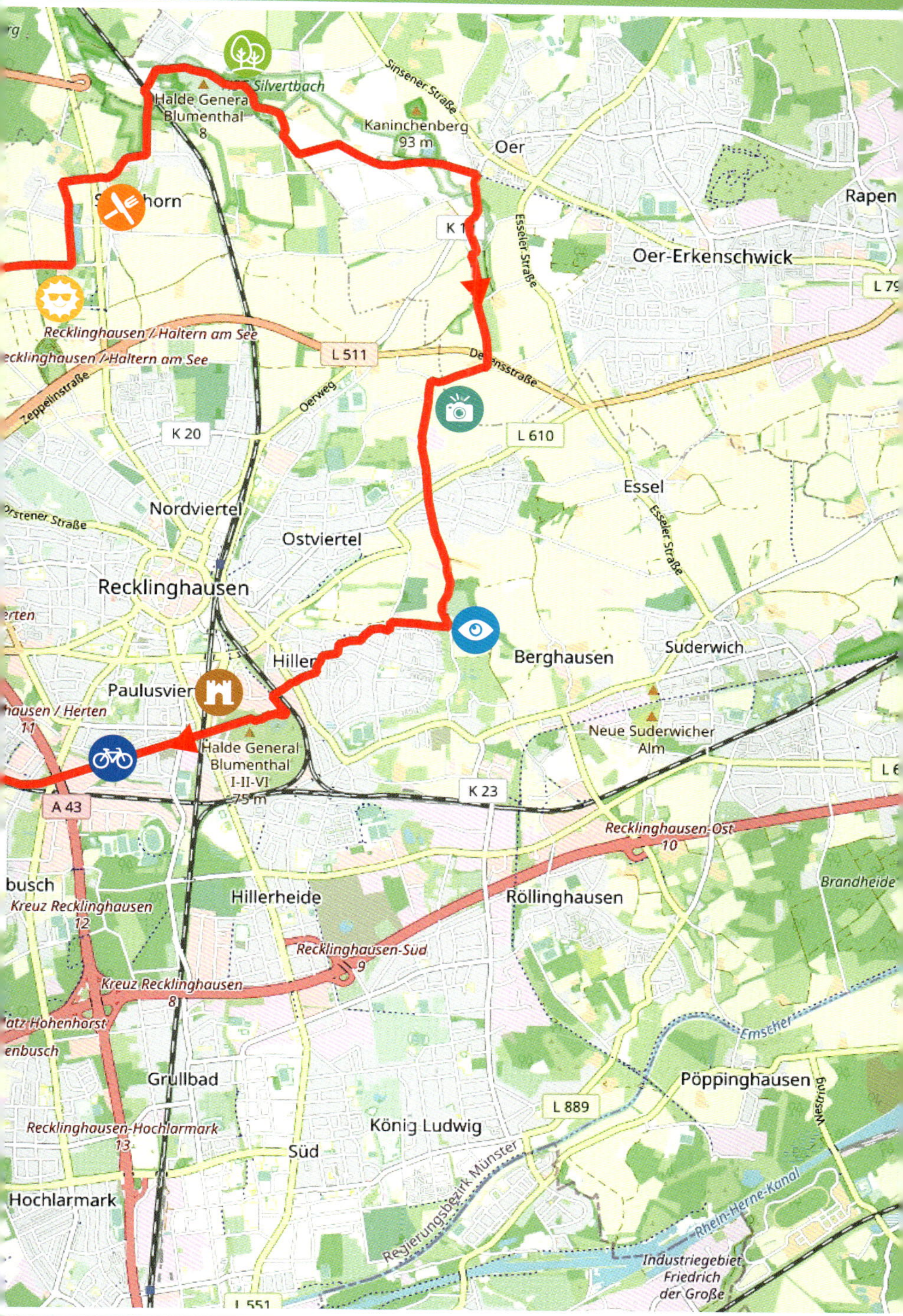

Silvertbach
Halde General Blumenthal 8
Sinsener Straße
Kaninchenberg 93 m
Oer
Rapen
Oer-Erkenschwick
K 1
Esseler Straße
L 79
Recklinghausen / Haltern am See
L 511
Zeppelinstraße
Oerweg
L 610
K 20
Essel
Nordviertel
Ostviertel
Esseler Straße
Recklinghausen
Berghausen
Suderwich
Hiller
Paulusvier
Neue Suderwicher Alm
Halde General Blumenthal I-II-VI 75 m
A 43
K 23
Recklinghausen-Ost 10
Brandheide
Hillerheide
Röllinghausen
Kreuz Recklinghausen 12
Recklinghausen-Süd 9
Kreuz Recklinghausen 8
Emscher
Grullbad
Pöppinghausen
Recklinghausen-Hochlarmark 13
L 889
König Ludwig
Süd
Hochlarmark
Regierungsbezirk Münster
Rhein-Herne-Kanal
Industriegebiet Friedrich der Große
L 551

Auf geheimnisvollen Pfaden

Entdeckungen zwischen Herne und Dortmund

Das Ruhrgebiet kann immer wieder überraschen – kulinarisch, landschaftlich und, wie auf dieser Radtour zu sehen, auch architektonisch. Prunkvolle Bauten mit reichen Verzierungen aus den Anfängen des 20. Jahrhunderts sind zu entdecken, darunter herausgeputzte Jugendstilvillen, aber auch profane Verwaltungsgebäude.

Wir treffen auf unserer Tour auch auf moderne Architektur. Die Akademie Mont-Cenis ist ein Beispiel. Im Erin-Park warten spannende An- und Aussichten auf uns. Dazu befahren wir eine ehemalige Pferderennbahn, durchqueren den fantastischen Bodelschwinghschen Wald kurz vor Dortmund und stoßen schließlich auf einen fast vergessenen Friedhof. Und das sind nur einige Facetten dieser abwechslungsreichen Tour. Bereit für Kuriositäten?

Tour 11

2:50 Std. | 30 km | 270 Meter

Start: Bahnhof Herne

Ziel: Bahnhof Dortmund-Marten

Anreise/Parken: P+R-Parkplatz am Bahnhof Herne. Vom Zielpunkt Bahnhof Dortmund-Marten gelangt man mit der Bahn wieder zurück zum Bahnhof Herne.

Wegbeschaffenheit: Meist gut befahrbare Wege

Schwierigkeitsgrad: mittel

Besonderheiten: Auf der Tour besuchen wir einen verlassenen Familienfriedhof. Um hierhin zu gelangen, muss man sein Fahrrad ein kurzes Stück über einen Trampelpfad schieben. Wer sich traut und das Rad beherrscht, der fährt.

Wegbeschreibung: Die Tour startet in Herne, und diese Stadt hat etwas mit den großen Metropolen wie München oder Berlin gemeinsam. Hier ist die Bevölkerungsdichte so hoch wie sonst fast nirgendwo in Deutschland. Doch davon merken wir nichts, wenn wir am Konrad-Adenauer-Platz vor dem Bahnhof zu unserer Tour aufbrechen. Links lassen wir uns für rund 650 Meter auf dem Westring entlangrollen, dann geht es links in die Behrensstraße hinein zu unserem ersten Stopp, dem Rathaus von Herne. Architektur hat etwas Anregendes, Gebäude sind steinerne Zeugnisse der Geschichte. So auch der Bau des Rathauses, mit dessen Bau im neoklassizistischen Stil zu Beginn des Jahres 1911 begonnen wurde. Reich mit Ornamenten geschmückt wird hier der fließende Übergang zur Moderne sichtbar. Für eine Stadtverwaltung ein recht ansehnlicher Bau.

Wir fahren weiter über die Schäferstraße, um aus dem Stadtkern herauszukommen. Von der Castroper Straße geht es rechts in die Industriestraße, der Einstieg zum nächsten Stopp und einem Höhepunkt dieser Tour befindet sich kurz darauf zu unserer Linken. In „Trümmern" liegt die alte Zeche Mont-Cenis quasi vor uns.

Fotomotive satt gibt es am Trümmerfeld an der Zeche Mont-Cenis.

Am Weg

Zeche Mont-Cenis

Auf dem Gelände der ehemaligen Schachtanlage, die 1978 stillgelegt wurde, ist im Zuge der Internationalen Bauausstellung Emscher Park in den Jahren 1989 bis 1999 ein hochmodernes Gebäude nach dem Haus-im-Haus-Konzept entstanden. Hinter einer riesigen Glasfront, das von einem Holzfachwerk getragen wird, befindet sich die Fortbildungsakademie des Landes NRW, die Stadtteilbibliothek und ein Hotel. Übrigens: Im bepflanzten Innenraum des Glasgebäudes herrscht ein fast mediterranes Mikroklima. Zur Stromerzeugung dient aufsteigendes Grubengas genauso wie die zahlreichen Solarzellen auf dem Dach.
Neben dem Gebäude fällt das sogenannte „Trümmerfeld“ ins Auge. Hier liegen Betonstelen, verbogene Stahlträger und Ziegelreste anscheinend wahllos durcheinander. Doch dies ist so gewollt. Ein Umherstreifen durch dieses Kunstwerk, das von Herman Prigann geschaffen wurde, lohnt. Wer auf der Suche nach guten Fotomotiven ist, der wird hier schnell fündig werden.

Ohne Umschweife radeln wir unserem nächsten Ziel entgegen, dem Volkspark Sodingen, den wir nach rund 1,3 Kilometern an der Bromberger Straße erreichen. Etwa 400 Meter müssen wir den kleinen Hügel hinauffahren, dann wartet mit dem rund 30 Meter hohen Wasserturm eine kleine Kuriosität auf uns. Heute wirkt er am Rande des Asche-Fußballplatzes etwas deplatziert, doch zu seiner Einweihung 1913 versammelten sich hier hunderttausende Menschen. Denn der zu Ehren Kaiser Wilhelm II. errichtete „Kaiser-Wilhelm-Turm“ wurde mit einem mehrtägigen Volksfest zum 25-jährigen Regierungsjubiläum eingeweiht. Der Turm, der seit den 1930er-Jahren nicht mehr als Wasserturm genutzt wird, steht auf der Baudenkmalliste der Stadt Herne. Zurück auf der Bromberger Straße geht es an der nächsten Ecke links für etwa 400 Meter in die Sodinger Straße. Dann fahren wir in die zweite Straße wieder links hinein und sind bereits im Grün des Gysenberger Revierparks angelangt. Höhenmeter müssen gar

nicht schwerfallen, zu schön ist der Park, der von der nur leichten Anstrengung ablenkt. Im Wald tauchen wir unter das herrliche Blätterdach ein. Zahlreiche Wege führen durch das bezaubernde Areal. Die „Bergmannsbuche“ ist der nächste Halt. Sie hat einen traurigen Hintergrund. Im Jahre 1921 ereignete sich auf der Zeche Mont-Cenis eine Schlagwetterexplosion, bei der zahlreiche Bergleute ums Leben kamen. Als Erinnerung an diese Tragödie wurde der Marienbildstock hier errichtet. Die Statue der heiligen Barbara oben am Stamm der Buche muss man etwas suchen.
Am Ende des Gysenberger Walds empfängt uns eine weitläufige Landschaft, wo wir die Blicke ungehindert schweifen lassen können. Vorbei an Weiden, auf denen manchmal Pferde grasen, fahren wir über wenig befahrene Wege, und die nächste Zeche ist bereits in Sicht.

Am Weg

Zeche Erin

Die ehemalige Zeche Erin ist heute ein Naherholungsgebiet. Benannt wurde sie nach der Göttin Erin, deren Name aus dem Gälischen stammt und Irland bedeutet – „Eire“. Der erste Besitzer der Zeche, William Thomas Mulvany, stammte nämlich aus Irland. Von 1866 bis einen Tag vor Heiligabend im Jahre 1983 wurde dort Kohle gefördert. Die Zeche Erin war die letzte auf dem Stadtgebiet von Castrop-Rauxel. Der alte Zechenturm prägt heute noch das Bild des ehemaligen Zechengeländes.

Vom Hügel im Erin-Park gibt es eine schöne Aussicht über das Areal. Zwar muss man die Räder dort hochschieben, aber sich hier auf die schöne Wiese zu setzen, um bei Sonnenschein die Landschaft zu genießen, hat einen besonderen Reiz. Die Zeit sollte man sich nehmen.
Vom Zechengelände fahren wir in Richtung Innenstadt, folgen rechts der Mühlenstraße und der Viktoriastraße und biegen am Ende nach einem kleinen Knick direkt links in die Dortmunder Straße ein. Weiter geht es über die nächste Kreuzung und dann wird es auf der rechten Seite interessant.
Eine Pferderennbahn bietet nicht unbedingt den besten Untergrund zum Radfahren. Doch das ehemalige Gelände im Süden von Castrop-Rauxel, auf dem 1874 das erste Pferderennen stattfand, kann man heute prima mit dem Rad durchqueren. Zehntausende Zuschauer wohnten damals den Veranstaltungen bei. Ein neu errichteter Zielturm an der Stelle, wo früher das Original stand, bietet einen Überblick über das Gelände. Hecken lassen erkennen, wo einst Hindernisse für Pferd und Reiter standen.

Abstecher

Bergehalde Schwerin

Die Bergehalde Schwerin, die noch bis in die 1970er-Jahre aufgeschüttet wurde, befindet sich direkt neben der Route und lohnt einen kleinen Abstecher. Der Weg hinauf ist kurz und für jedermann machbar. Eine riesige Sonnenuhr aus Edelstahl-Stelen thront auf dem Haldendach, die Aussicht ringsherum ist ausgezeichnet. Die Sonnenuhr zählt zu den größten der Welt und wurde vom Künstler Jan Bormann geschaffen.

Der Duft von Getreide steigt in die Nase. Nachdem wir die Halde Schwerin passiert haben, fahren wir durch Felder, bis wir rechts über die Straße Am Dingerhof, der wir nur ein kurzes Stück geradeaus folgen, bald wieder in den Wald eintauchen. Nach 300 Metern geht es scharf rechts in eine Kurve und plötzlich sehen wir auf einer fast unscheinbaren Lichtung einen kleinen Tempel stehen. Es ist der „Tempel der Ruhe“, so zeigt es die dortige Inschrift auf dem Friedhof der Familie von Bodelschwingh. Die Verstorbenen aus rund 200 Jahren liegen hier begraben, die Grabsteinplatten sind leider nicht mehr gut zu entziffern. Frühere Generationen wurden in der Dorfkirche von Bodelschwingh beerdigt.

Ruhestätte der Familie von Bodelschwingh

Der Friedhof mitten im Wald soll einen Ort der Ruhe darstellen. Wäre da nicht die nahe A 45, deren Lärm manchmal hinauf zur kleinen parkähnlichen Anlage dringt. Vor dem Bau der Trasse gab es ursprünglich eine direkte Verbindung zum nahe gelegenen Schlosspark. Nur ein paar Meter weiter befindet sich das Schloss Bodelschwingh.

Am Weg

Schloss Bodelschwingh

Das Schloss stammt aus dem Jahre 1302 und gilt als eines der reizvollsten Wasserschlösser Westfalens. Das heutige Aussehen erhielt die Anlage im Wesentlichen im 16. und 17. Jahrhundert. Das Schloss ist der Stammsitz der Familie von Bodelschwingh und befindet sich immer noch im Privatbesitz. Heute gehört es der Familie zu Inn- und Knyphausen. Leider ist es der Öffentlichkeit nur selten zugänglich. Einmal jährlich, am Tag des offenen Denkmals jedoch, werden die Tore geöffnet und Führungen durch das Schloss angeboten. Das Adelsgeschlecht derer von Bodelschwingh ist gleichzeitig auch Namensgeber des Dortmunder Stadtteils.

Vom Schloss geht es für uns südlich weiter, wo wir in der Straße Ihlanden bei „Tante Amanda" hervorragend einkehren können. Ein schöner großer Biergarten und herzhafte Speisen lassen sich gut unter den Sonnenschirmen genießen. Warum das Restaurant, das mit allerlei Leckereien für die Radler aufwartet, „Tante Amanda" heißt, darf man gerne einmal das Personal fragen. Die Geschichte dahinter ist allerdings herzzerreißend.

Lohnender Pausenstopp

Im Naturschutzgebiet „Mastbruch – Rahmer Wald", das wir über die Straße „Mosselde" erreichen, liegt etwas versteckt das Schloss Westhusen. Von einem Mitglied der Familie von Bodelschwingh im 14. Jahrhundert erbaut, ist es heute eine Seniorenresidenz. Doch auch hier gibt es einen versteckten, inzwischen verfallenen und fast vergessenen Familienfriedhof zu entdecken, der nach ziemlich genau 700 Metern nach der Einfahrt zum Schloss rechts im Wald liegt. Der ehemalige Friedhof Schloss Westhusen ist nur über einen kurzen Trampelpfad zu erreichen. Bald erkennt man einen umgekippten Eisenzaun, etwas Mauerwerk, aber keine Grabsteine! Die Natur erobert sich mittlerweile das Terrain auf bizarre Art und Weise zurück. Wer sich den Weg dorthin traut, der könnte meinen, dieser Ort stamme aus einem Gruselfilm. Wenn die Sonne nur schwach durch das Blätterdach scheint, der Raureif auf dem Boden liegt und man die kühle Luft einatmet, fehlt nicht viel, bis uns Gänsehaut überkommt. Wir fragen uns, warum der Friedhof in Vergessenheit geraten ist.

Aufgegebener Familienfriedhof

Nachdem es uns vor Grusel vielleicht etwas gefröstelt hat, können wir kurz haltmachen am Lebensart Café. Direkt an der Buschstraße gelegen ist das Lokal unscheinbar und von außen kaum auffallend. Doch man soll ja bekanntlich auf das Innere Wert legen. Daher sagen Besucher auch, diese Lokalität gehöre zu den schönsten Cafés weit und breit. Kuchen und Torten locken in außergewöhnlicher Atmosphäre. Bei warmen Temperaturen kann man hier auch draußen sitzen.

Café Lebensart

Abstecher

Nahverkehrsmuseum Dortmund

Das Nahverkehrsmuseum liegt nur knapp zwei Kilometer entfernt von der Route und ist für alle Altersgruppen interessant. Es zeigt in einem alten Lokschuppen und auf dem großen Freigelände zahlreiche historische Straßenbahnen und andere Fahrzeuge aus rund 135 Jahren. Auch Fahrten mit den historischen Bahnen werden angeboten.

Um zum Museum zu gelangen, muss man nach dem alten Friedhof links auf den breiten Weg abbiegen, am Ende dann links auf dem Radweg fahren, weiter entlang der Emscherallee radeln und dann geht es rechts in die Bodelschwingher Straße hinein. Nach 400 Metern auf der rechten Seite befindet sich das Museum. www.bahnhof-mooskamp.de

Eine weitere Kuriosität lässt nicht lange auf sich warten. Etwa drei Kilometer, nachdem wir das Café hinter uns gelassen haben, entdecken wir schon bald am Wegesrand erneut einen alten Friedhof. Er befindet sich direkt hinter dem Autobahnkreuz Dortmund-Hafen und kurz vor dem Stadtteil Marten. Ebenfalls in einem Wald gelegen, ragen plötzlich mächtige Grabsteine aus dem Gebüsch empor. Der Zahn der Zeit nagt mittlerweile an den alten Gedenktafeln, die scheinbar verstreut umherstehen. Im Jahre 1884 wurden hier tragischerweise zunächst Kinder begraben, ein Zeichen der hohen Kindersterblichkeit zu dieser Zeit. Die letzte Beerdigung fand hier im Jahre 1979 statt Die Stadt wollte den Friedhof einebnen lassen, doch die Menschen in der Umgebung verhinderten dies. Letztendlich wurde dieser Friedhof im Jahre 2010 umgewidmet als Waldpark. Heute ist er ein Ort zum Innehalten.

Wir verlassen den Wald am „Bärenbruch", nun sind es nur noch 400 Meter bis zum Bahnhof Dortmund-Marten, der Eingang befindet sich an der Hangeneystraße.

Friedlich ist es im Waldpark.

Gastronomie

Tante Amanda
Mosselde 149
44357 Dortmund
Tel.: 0231/372230
www.tante-amanda.de

Lebensart Café
Buschstraße 172
44369 Dortmund
Tel.: 0231 2862494
www.lebensart-cafe.de

Tour 11

Startpunkt

Zielpunkt

Haltestelle

Gastronomie

Naturerlebnis

Sehenswürdigkeit

Aussichtspunkt

Kulturstätte

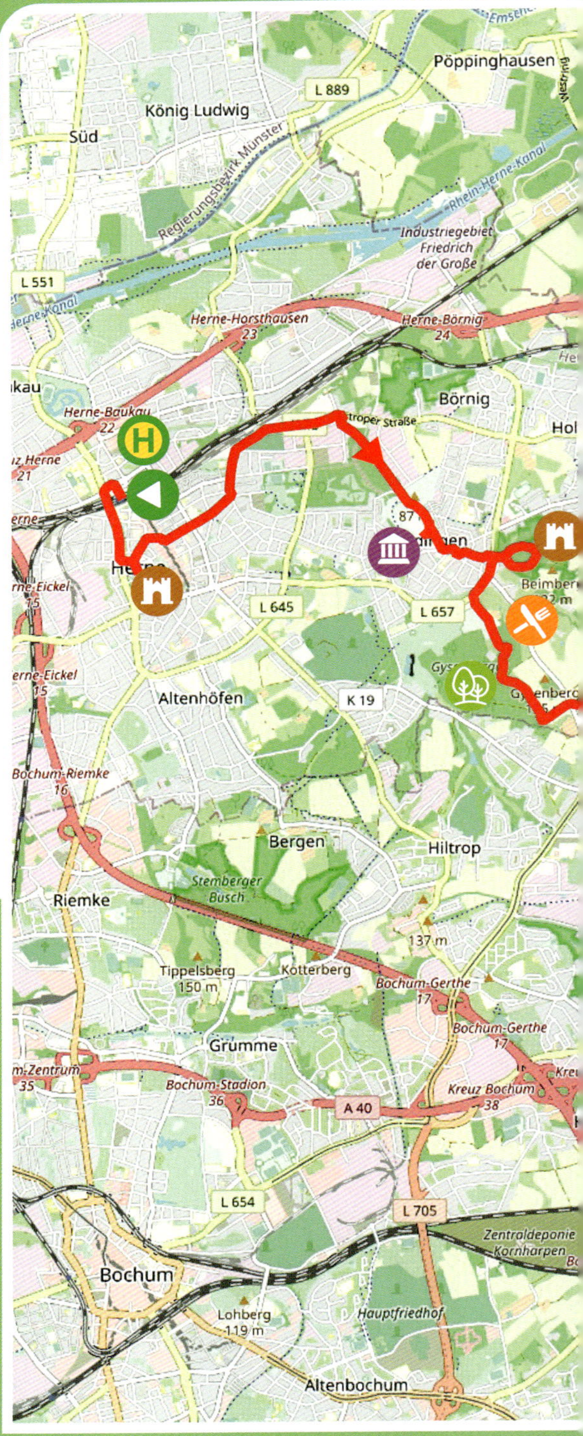

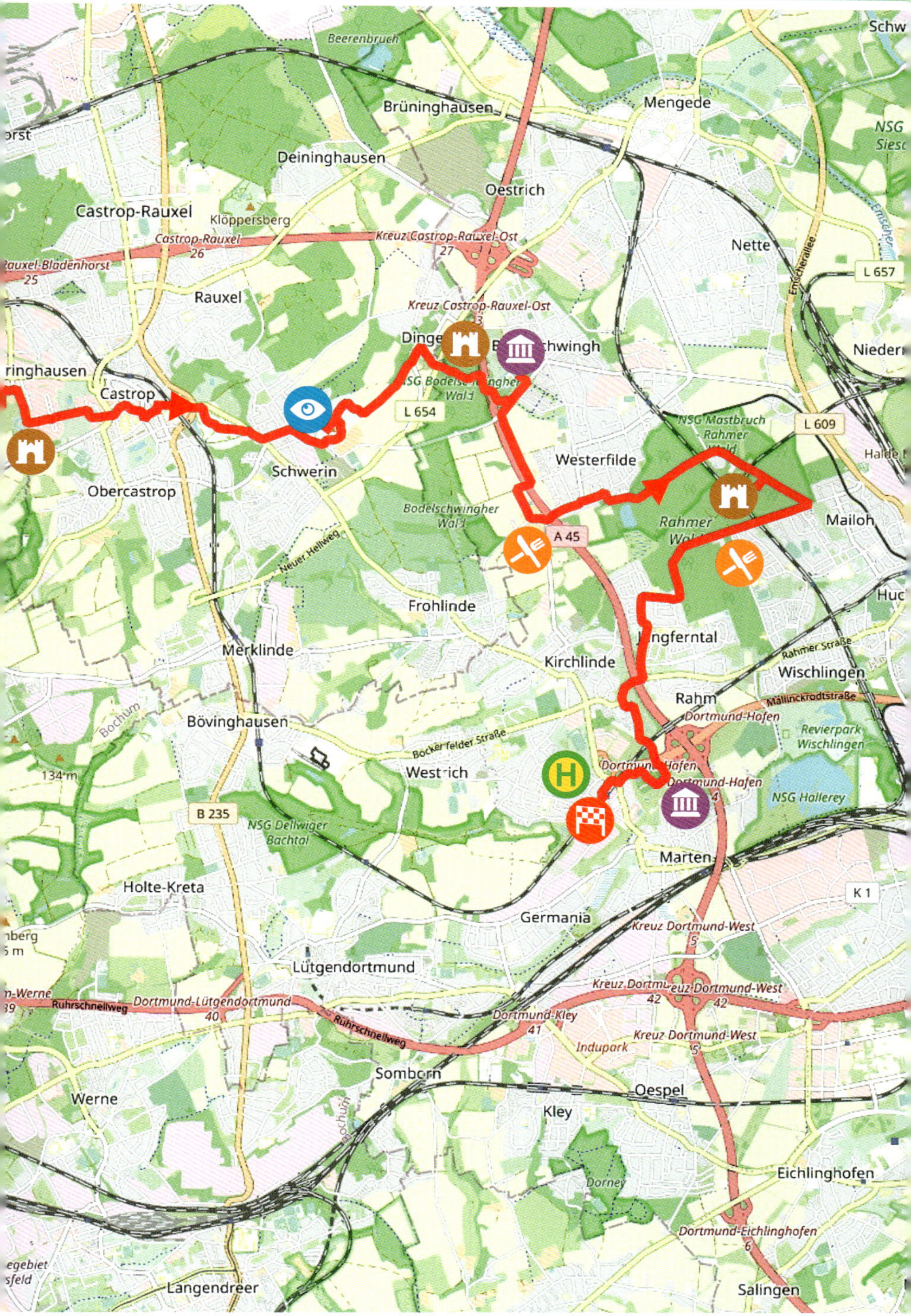
Beerenbruch
Brüninghausen
Mengede
Deininghausen
Oestrich
Castrop-Rauxel
Klöppersberg
Castrop-Rauxel
26
Kreuz Castrop-Rauxel-Ost
27
Nette
L 657
Rauxel
Kreuz Castrop-Rauxel-Ost
Castrop
L 654
Schwerin
Westerfilde
L 609
NSG Mastbruch
Mailoh
Obercastrop
Bodelschwingher Wald
A 45
Rahmer Wald
Neuer Hellweg
Frohlinde
Merklinde
Kirchlinde
Rahmer Straße
Wischlingen
Rahm
Dortmund-Hofen
Bövinghausen
Bockenfelder Straße
Revierpark Wischlingen
Westrich
NSG Hallerey
B 235
NSG Dellwiger Bachtal
Marten
Holte-Kreta
K 1
Germania
Kreuz Dortmund-West
Lütgendortmund
Ruhrschnellweg
Dortmund-Lütgendortmund
40
Dortmund-Kley
41
Indupark
Kreuz Dortmund-West
Somborn
Oespel
Werne
Kley
Eichlinghofen
Dortmund-Eichlinghofen
Langendreer
Salingen

Zwischen Wasser
Entlang von Emscher, Rhein-Herne- und Dortmund-Ems-Kanal
TRITON

Dass der Ruhrpott nicht nur eine Betonwüste aus verschiedenen zusammengewachsenen Großstädten ist, das ist mittlerweile hinlänglich bekannt. Nach dem Niedergang der Kohle- und Stahlindustrie sind zahlreiche Landschaftsparks und Naherholungsgebiete entstanden, die von den Menschen des Ruhrgebiets sehr gerne angenommen werden. Doch auch die Wasserstraßen haben eine Strukturentwicklung erfahren. Die Emscher, der Rhein-Herne-Kanal oder auch der Dortmund-Ems-Kanal: Sie alle haben eine große Bedeutung für das Ruhrgebiet.

Die Tour führt uns entlang dieser Wasserstraßen, dabei gibt es einiges zu entdecken – wie das Schiffshebewerk Henrichenburg oder die neu gestaltete Halde Groppenbruch. Es lohnt sich, auf dieser kleinen, aber feinen Runde die Augen aufzuhalten.

Tour 12

2:00–2:50 Std.

31 km

110 Meter

Start/Ziel: Bahnhof Dortmund-Mengede

Anreise/Parken: P+R-Parkplatz am Bahnhof

Wegbeschaffenheit: Meist gut befahrbare, mit festem Kies versehene Wege. Aufpassen muss man lediglich auf einem kurzen Abschnitt über der Brücke des Dortmund-Ems-Kanals. Die Straße ist stärker befahren, Radfahrer haben nicht ganz so viel Platz auf dem schmalen Randstreifen.

Schwierigkeitsgrad: leicht

Besonderheiten: Höhepunkt dieser Tour in das eher ländlich geprägte nördliche Ruhrgebiet ist das Schiffshebewerk Henrichenburg. Das Thema Wasser ist ständiger Begleiter dieser Route.

Wegbeschreibung: Wir beginnen die Tour am Bahnhof von Dortmund-Mengede. Den Bahnhof verlassen wir über die Bürenstraße, an deren Ende auf der Ecke fällt uns das Gebäude des alten Postamts ins Auge, das altehrwürdigen Charme versprüht. Dann geht es links über die Kreuzung in die Strünkedestraße. Nach 400 Metern liegt rechts schon der Emscher-Radweg unter unseren Reifen und wir haben die großen Hauptstraßen hinter uns gebracht. Die Emscher fließt nach einem kleinen Knick direkt rechts neben uns.

Nach 300 Metern liegen links am Rande des Radwegs plötzlich merkwürdige Gebilde, schon leicht überwuchert von Ranken. Das sind Überreste der Ausstellung „Emscherkunst 2016", die sich mit verschiedenen Werken entlang des Gewässers präsentierte. Das Werk „Wellenbrecher" der Künstlerin Nevin Aladağ zeichnet damals den Abdruck der Arche Noah nach, der am Berg Ararat entdeckt worden sein soll. Was man an dieser Stelle sieht, sind die letzten Beton-Tetrapoden der Kunstinstallation. Gleich daneben befindet sich das große Hochwasserrückhaltebecken der Emscher, das mittlerweile zu einem Refugium für allerlei Vögel geworden ist. Dass dieses Becken nicht auf natürliche Art entstanden ist, sieht man ihm kaum an. Es integriert sich wunderbar in die Landschaft, die immer mehr Tieren ein neues Zuhause bietet. Von einem Aussichtsturm aus lässt sich das ganze Gebiet gut überblicken, Bänke laden zur Rast ein. Das Café Hof Emscher-Auen erkennt man von dort frei in der Landschaft stehend. Erreichbar ist es über eine Brücke. Betrieben von der Emschergenossenschaft bietet es bei leckerem Kuchen und gutem Kaffee einen wunderbaren Zwischenstopp.

Reste des Kunstwerks „Wellenbrecher"

Das Café ist in einem historischen Gebäude aus dem Jahre 1860 untergebracht, das aufwendig saniert wurde.

Die Emscher ist an manchen Stellen noch in ihrem alten Bett eingezwängt.

Der Kies knirscht angenehm unter den Rädern, während wir entlang der Emscher radeln. Die Vergangenheit des Gewässers, als es als Abwasserfluss des Ruhrpotts diente und dabei stank wie eine Kloake, ist längst überholt, wie wir feststellen können. Schauen wir rechts hinunter auf den Fluss, entdecken wir klares Wasser, in dem sich bereits zahlreiche Wasserpflanzen angesiedelt haben. Noch fließt die Emscher zwar an einigen Stellen eingepresst in ihrem vorgegebenen Bett aus Beton, doch die Renaturierung macht bedeutende Fortschritte. Bald soll der Fluss überall entlang seines Verlaufs wieder sein natürliches Aussehen erhalten, das Abwasser wird dann unterirdisch abgeführt.
Wir radeln durch den Stadtteil Ickern, der zu Castrop-Rauxel gehört. Zu unserer Linken prägen großgeschossige, fast anonyme Wohnbauten und spartanische Hinterhöfe, die schon bessere Zeiten erlebt haben, das Bild. Auch das ist typisch Ruhrgebiet.
Bald naht das nächste Gewässer, das sich quer durchs Ruhrgebiet zieht. Der Rhein-Herne-Kanal, den wir nach 7,5 Kilometern entlang

der Emscher erreichen, ist eine viel befahrene, bedeutende Wasserstraße. Wir befinden uns im nordöstlichen Teil des Ruhrgebiets im Castrop-Rauxeler Stadtteil Henrichenburg. Uns umgibt eine grüne Landschaft. Spätestens jetzt sind wir der alltäglichen Hektik entkommen und können uns voll und ganz entspannen.

An der Stelle, an der wir auf den Kanal treffen, stand einst die Henrichenburg aus dem Jahre 1263, deren im Erdreich verborgenen Reste 1994 bei Bauarbeiten entdeckt wurden. Heute verdeutlicht hier ein gestalteter Park durch Hecken und Pflastersteine die Grundrisse und Verläufe der ehemaligen Mauern.

Direkt am Kanal fahren wir über feinen Schotter am Wasser entlang. Auf der anderen Uferseite, direkt am Wasser, liegt Haus Hölter. Es bietet innen wie außen ein außergewöhnliches Ambiente. Tradition und Moderne treffen aufeinander. Und vor allem kann man hier prächtig in der Sonne sitzen. Strandkörbe und stilvolle Sofas, gefertigt aus Paletten, lassen uns das süße Leben genießen. Die Bäume links und rechts halten Spalier. Um dorthin zu gelangen, muss man über die Brücke der Lambertstraße fahren und in einem Schlenker links auf die andere Seite des Kanals radeln.

Bald erreichen wir das nächste Highlight der Tour: Das alte Schiffshebewerk Henrichenburg war eine technische Meisterleistung, denn es verband als „Schiffsaufzug" den Dortmunder Hafen mit dem Dortmund-Ems-Kanal. Das Hebewerk ist ein willkommener Zwischenstopp auf unserer Tour. Am dortigen „Gastrobus", einem Biergarten direkt am Museum, lässt es sich aushalten. Ein alter Doppeldecker dient als Tresen. Schlicht gehaltenes Interieur, aber bei Radfahrern äußerst beliebt. Das Gelände des Schiffshebewerks ist groß, es lohnt sich, das Fahrrad sicher abzustellen und ein wenig dort herumzuspazieren.

Nur etwa 300 Meter vom Schiffshebewerk entfernt, an der Provinzialstraße, entdecken wir eine kleine Kirche, die durch ihre Glasverzierung mit dem Anker- und Kreuz-Symbol über der Pforte doch etwas mit der Schifffahrt zu tun haben muss. Die sogenannte Friedenskirche wurde einst von den evangelischen Kanalarbeitern errichtet und 1901 eingeweiht.

Am Weg

Schiffshebewerk Henrichenburg

Pompös wirkt das Bauwerk des Schiffshebewerks mit den reichen Verzierungen und den Kuppeln auf den Trägern. Das war sicherlich im Sinne von Kaiser Wilhelm II., der damals bei der Eröffnungszeremonie im August 1899 zugegen war. Schließlich war das Hebewerk eine Meisterleistung der Ingenieurskunst und mit 2,5 Millionen Reichsmark auch eines der teuersten technischen Bauten seiner Zeit. Bedeutend war die Schnelligkeit des Senk- und Hebevorgangs, der etwa eine Dreiviertelstunde dauerte. Überwunden wurden dabei 14 Meter Höhe. Das Hebewerk war bis 1970 in Betrieb und ist heute Teil des LWL-Industriemuseums und des Schleusenparks Waltrop. Das lohnenswerte Museum bietet spannende Geschichte zum Anfassen für Groß und Klein. Auch historische Schiffe liegen am Kai im „Oberwasser", sodass man einen guten Eindruck von aus dieser Zeitepoche der Schifffahrt bekommt.

Schon mal mit dem Fahrrad durch eine echte Schleuse geradelt? Das geht tatsächlich. Am Fuße der alten Schachtschleuse liegen einige kleine Boote im heutigen Yachthafen, die Schleuse an sich ist trockengelegt und man kann sie tatsächlich mit dem Fahrrad durchqueren.

Die Route führt durch den imposanten Bau des alten Schiffshebewerks Henrichenburg.

Paradiesisches Plätzchen am Wasser oberhalb des Schiffshebewerks

Um dorthin zu gelangen, fahren wir nach der Kirche die Provinzialstraße entlang. In Sichtweise ist schon die nächste Kurve. Dort führt ein kleiner Weg links hinunter zum Wasser, wir machen dort einen scharfen Knick nach rechts und fahren dann direkt auf die Schleuse zu. Die Wände der alten Schleuse sind hoch, wenn man von unten „hinauffährt". Eine sanfte Steigung, und schon ist man heraus und blickt auf den Dortmund-Ems-Kanal. Um die Spitze der Schleuseneinfahrt geht es rechtsherum, danach fahren wir über eine kleine Brücke und halten uns dann links.

Hier ist es ruhig. Oben auf dem Damm, parallel zur Straße „Am Felling", lässt es sich gut fahren. Enten und andere Wasservögel schwimmen auf dem sich vom Wind leicht kräuselnden Wasser und stecken immer wieder ihre Köpfe unter die Wasseroberfläche. Wir biegen kurz vor der ersten Brücke auf die Straße neben uns ab und fahren rechts auf die Lohburger Straße in Richtung Wald. Nach 1,2 Kilometern geht es links in den Rapsenweg an einem schönen Pfad entlang.

Die Landschaft ändert sich spürbar, nachdem wir die Hauptstraße zwischen Ickern und Leveringhausen überquert haben und über einen Feldweg fahren. Achtung: Der Einstieg in den Feldweg befindet sich nach 50 Metern rechts auf der Ickener Straße, etwas versteckt. Ländliche Idylle empfängt uns mit Feldern zu beiden Seiten und

Waldgebieten dahinter. Nach einem Kilometer lädt eine Bank direkt unter einem sogenannten Flurkreuz zum Anhalten ein. Ein Stück weiter ist die Laurentiuskapelle an einem Gehöft bei Leveringhausen über die Felder hinweg zu entdecken.

Wir treffen jetzt erneut auf den Dortmund-Ems-Kanal, der einen Schlenker in unsere Richtung gemacht hat und dem wir in südlicher Richtung für rund zwei Kilometer entlang des Ufers folgen. Über eine Brücke fahren wir auf die andere Seite und erreichen die zur Naherholung umgewidmete Halde Groppenbruch. Es lohnt sich, dort hinaufzufahren, die Aussicht ist vom Feinsten. Nur der Lärm der nahen A 2 stört ein wenig. Über geschwungene Wege fahren wir unten um die ebenfalls nahe gelegene Halde Minister Achenbach I/II herum. Querfeldein über die Halde Minister Achenbach in Lünen? Wieso nicht? Wer sich zutraut, über etwas gröberen Schotter und schmale Pfade zu fahren, der kann anstatt unten herum sich auch etwas in die Höhe schrauben. Die Belohnung ist eine weitere, beeindruckende Aussicht über die Region. Verfahren kann man sich nicht.

Landschaft am Dortmund-Ems-Kanal

Das Wasser ist natürlich nicht weit entfernt, und daher überqueren wir den Dortmund-Ems-Kanal nach 1,3 Kilometern über die Brücke der Altmengeder Straße erneut. Nach 300 Metern geht es rechts ab auf einen Weg und nach der Bahnunterführung fahren wir links auf den Pfad der ehemaligen Zechenbahn Minister Achenbach. Der Mengeder Heimatwald folgt schon bald nach etwa 500 Metern links hinter der Unterführung der Emscherallee. Das Waldstück ist eine Besonderheit und wird von den Bürgern gehegt und gepflegt. Zu

Abstecher

Das „Colani-Ufo“

Wer Lust hat, die Runde noch etwas zu erweitern: Ein Abstecher zur ehemaligen Zeche Achenbach, das heute das LÜNTEC-Technologiezentrum beherbergt, lohnt sich. Dort findet sich auf dem alten Zechengerüst in 37 Meter Höhe das bekannte „Colani-Ufo“ oder auch „Colani-Ei“ genannt. Der deutsche Stardesigner Luigi Colani entwarf dieses Ellipsoid, deren futuristisches Aussehen der alten Zechenanlage ein ganz neues Gepräge gibt. Luigi Colani war berühmt für sein stromlinienförmiges Design, er gestaltete vom Auto über Flugzeuge auch verschiedene Alltagsgegenstände. Der Künstler verstarb 2019 im Alter von 91 Jahren. Zu erreichen ist das „Ei“ über die angrenzende Seilbahntrasse. Es ist nach rund fünf Kilometern nicht zu übersehen. Das Café LÜNTEC bietet sich zu einem netten Stopp an.
https://cafe-luentec.eatbu.com

verschiedenen Anlässen werden Bäume gepflanzt. Mittlerweile ist ein herrlicher Mischwald entstanden und ein ganz besonders idyllischer Ort zum Verweilen. Sehenswert! In direkter Nachbarschaft liegt das Hotel & Restaurant Volksgarten Mengede mit einem einladenden Biergarten.
Erneut treffen wir auf den Emscher-Radweg und stoßen nach 500 Metern auf das quaderförmige Gebäude einer Pumpstation. Die Wände

Pumpstation mit Emscher-Radweg

ringsherum zeigen in gemalter Form den kompletten Verlauf des Emscher-Radwegs. Wir folgen dem Radweg noch rund 1,5 Kilometer, dann sind wir schon kurz vor unserem Ziel. Von der Adalmundstraße geht es rechts in die Remigiusstraße. Immer geradeaus fahren wir, bis wir auf die Amtsstraße kommen. Dann rechts und nach 200 Metern sind wir wieder am Bahnhof Dortmund-Mengede angekommen. Dass man auch auf so wenigen Kilometern so viele Entdeckungen machen kann, ist typisch für das Ruhrgebiet. Geschichte und Geschichten gibt es quasi an jeder Ecke. Das macht die Region extrem spannend, sehens- und liebenswert.

Gastronomie

Café Hof Emscher-Auen
Rittershofer Straße 170
44577 Castrop-Rauxel
Tel.: 0176/43578119
www.eglv.de/emscher/emscher-hoefe

Haus Hölter
Suderwicher Straße 90
44581 Castrop-Rauxel
Tel.: 02367/8445
https://haushoelter.de

Langer's Gastrobus
Im Depot 45
45731 Waltrop
Tel.: 02363/918313
www.gastrobus.com

Hotel & Restaurant Volksgarten Mengede
Eckei 96
44359 Dortmund
Tel.: 0231/9415194
www.volksgarten-mengede.de

Tour 12

- Startpunkt
- Zielpunkt
- Haltestelle
- Fahrradstrecke
- Gastronomie
- Naturerlebnis
- familienfreundlich
- Sehenswürdigkeit
- Parkplatz
- Aussichtspunkt
- Fotospot
- Kulturstätte
- Kunstobjekt

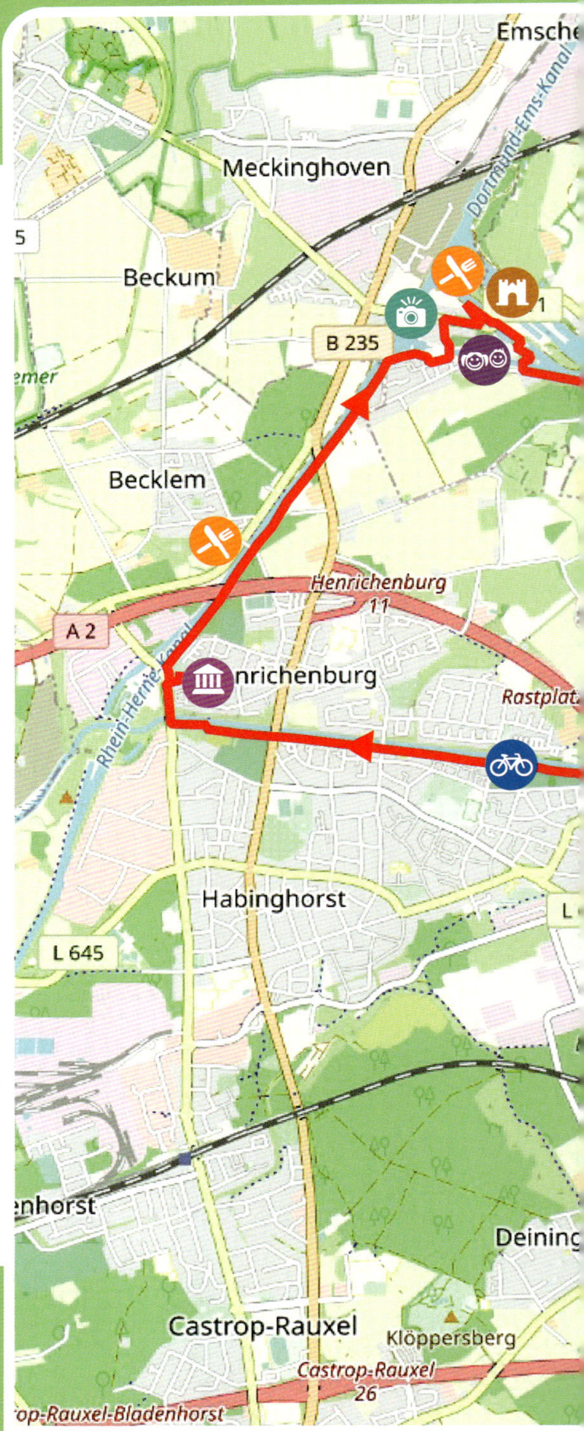

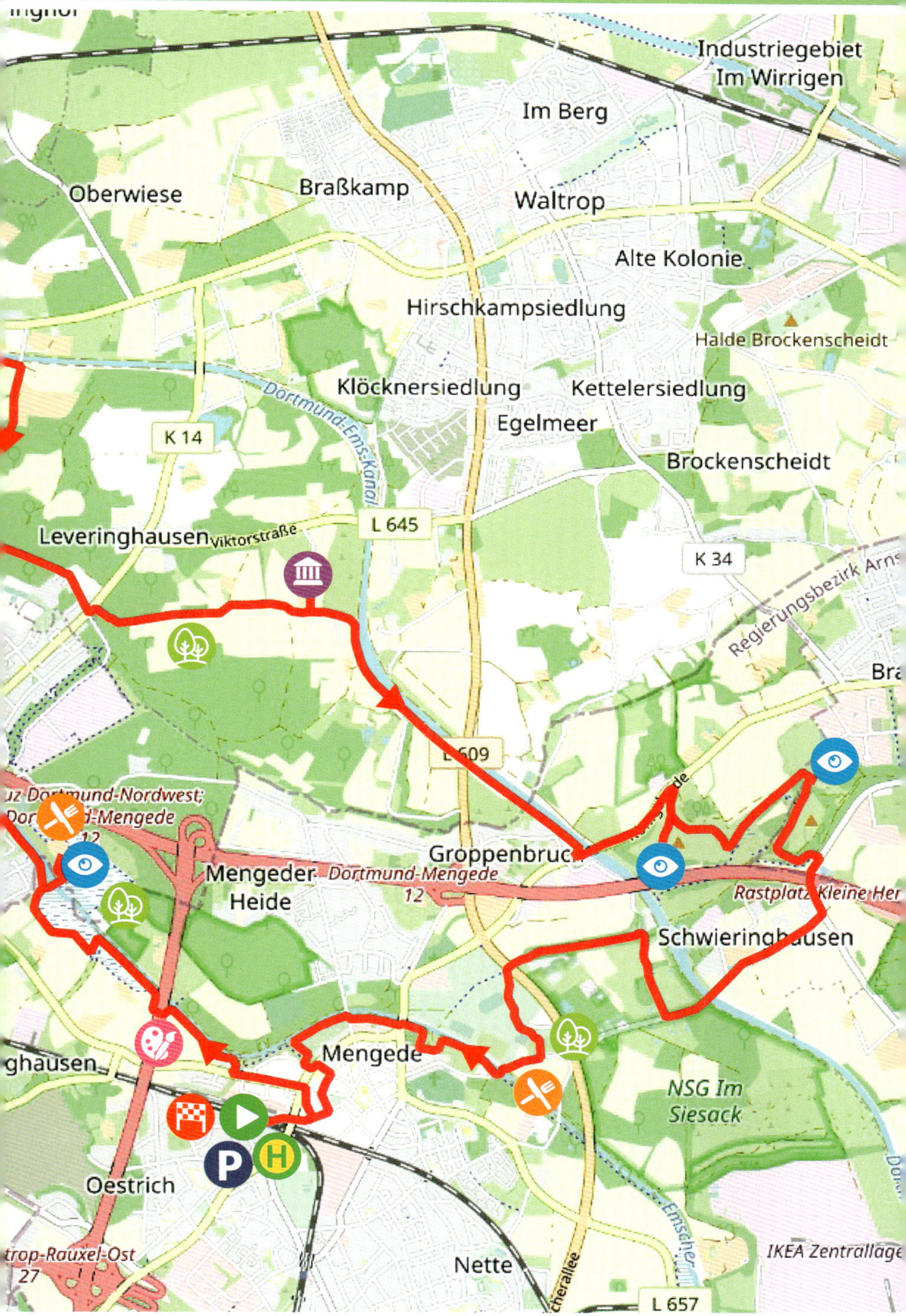
Industriegebiet Im Wirrigen
Im Berg
Oberwiese
Braßkamp
Waltrop
Alte Kolonie
Hirschkampsiedlung
Halde Brockenscheidt
Dortmund-Ems-Kanal
Klöcknersiedlung
Kettelersiedlung
Egelmeer
K 14
Brockenscheidt
L 645
Leveringhausen
Viktorstraße
K 34
Regierungsbezirk Arns
Bra
L 609
Dortmund-Nordwest; Dortmund-Mengede
Groppenbruc
Mengeder Heide
Dortmund-Mengede 12
Rastplatz Kleine Her
Schwieringhausen
ghausen
Mengede
NSG Im Siesack
Oestrich
trop-Rauxel-Ost 27
Nette
Emscher
IKEA Zentrallage
L 657

Praktische Infos

Orientierung finden Radfahrer im Ruhrgebiet mithilfe des Knotenpunktsystems und der guten Beschilderung. Das Knotenpunktsystem verbindet auf einer Gesamtlänge von 1.200 Kilometern attraktive Radwege, die ganz nach dem Geschmack von Freizeitradfahrern sind. Oft liegen die Sehenswürdigkeiten direkt an der Strecke. Insgesamt 250 Infotafeln mit Karten sowie unzählige weiße Wegweiser mit roter Schrift, die die nächsten Etappenziele angeben, ergänzen als weitere Orientierungshilfe das Angebot des Radreviers Ruhrgebiet. Einen digitalen Tourenplaner sowie Infos zu Baustellen und Umleitungen findet man auf den Internetseiten des Ruhr-Tourismus: www.ruhr-tourismus.de
Informationen zu Fahrtzeiten und Fahrradmitnahme in öffentlichen Verkehrsmitteln sind abrufbar auf den Internetseiten des Verkehrsverbundes Rhein-Ruhr: www.vrr.de

Die GPX-Daten zu den Touren sind auf der Internetseite des Verlages hinterlegt.

Ausschlussformel

Alle Informationen wurden vom Verlag und dem Autor nach bestem Wissen und Gewissen zusammengestellt. Zum Zeitpunkt der Recherche waren sie korrekt, eventuell kann es nach Erscheinen Abweichungen bei den Adressen, Telefonnummern etc. geben. Für die Richtigkeit der Angaben in diesem Buch kann keine Haftung übernommen werden, weshalb die Nutzung auf eigene Gefahr erfolgt. Dies gilt auch für eventuelle Abweichungen bei den GPX-Daten. Für die Webseiten Dritter, die in diesem Werk genannt werden, übernehmen weder der Verlag noch der Autor Haftung.